Almas aprisionadas
Amor e intriga no Brasil Imperial

Almas aprisionadas
Amor e intriga no Brasil Imperial

Psicografia de
Renato Modesto

Pelo espírito
Amadeu

Almas aprisionadas
Amor e intriga no Brasil Imperial
pelo espírito *Amadeu*
psicografia de *Renato Modesto*

Copyright @ 2009
Lúmen Editorial Ltda.

1ª edição – setembro de 2009
Direção editorial: *Celso Maiellari*
Preparação de originais: *Cristina Lourenço*
Diagramação: *Raquel Coelho / Casa de Idéias*
Arte da Capa: *Daniel Rampazzo / Casa de Idéias*
Impressão e acabamento: Orgrafic Gráfica

Dados Internacionais de Catalogação na Publicação (CIP)
(Câmara Brasileira do Livro, SP, Brasil)

Amadeu (Espírito).
Almas aprisionadas : amor e intriga no Brasil Imperial / pelo espírito Amadeu ; psicografia de Renato Modesto. -- São Paulo : Lúmen, 2009.

1. Espiritismo
2. Psicografia 3. Romance brasileiro I. Modesto, Renato.
II. Título.

09-07550   CDD-133.93

Índices para catálogo sistemático:
1. Romance espirita mediúnico : Espiritismo 133.93

LÚMEN
EDITORIAL

Rua Javari, 668
São Paulo - SP
CEP 03112-100
Tel/Fax (0xx11) 3207-1353

visite nosso site: www.lumeneditorial.com.br
fale com a Lúmen: atendimento@lumeneditorial.com.br
departamento de vendas: comercial@lumeneditorial.com.br
contato editorial: editorial@lumeneditorial.com.br

2009

Proibida a reprodução total ou parcial desta
obra sem prévia autorização da editora
Impresso no Brasil – *Printed in Brazil*

Sumário

1. Heloísa 7
2. Um juramento 11
3. Gabriel 17
4. Doutor Euzébio 23
5. Uma tempestade se anuncia 27
6. Os operários se organizam 35
7. Casa assombrada 43
8. Sociedade 49
9. Um singelo olhar de amor 57
10. O capa preta 64
11. Guerra declarada 69
12. Dois coelhos num só golpe 78
13. Negociação 84
14. No tronco 88
15. Chantagem 93
16. Estranhas ocorrências 100
17. Assassinato 108
18. Uma nova Heloísa 112
19. Esperança 117
20. Noivo ultrajado 122
21. Primeiro destino 130
22. A visita 136
23. Vida nova 143

24.	Uma sombra que avança	149
25.	Ensinando e aprendendo	154
26.	O rapto	162
27.	Cativeiro	168
28.	O bem faz seus movimentos	175
29.	Fraternidade dos guardiões	183
30.	Cai um véu do passado	189
31.	Um novo guardião	195
32.	No ninho da serpente	201
33.	Revolta dos escravos	207
34.	Revelação	212
35.	Lembranças de outra vida	222
36.	Redenção e reencontros	229

1
Heloísa

Presídio Central da Comarca do Rio de Janeiro, 25 de maio de 1886.

Minha amada Heloísa:
Perdoa-me pelo que estou prestes a fazer, mas a dor tornou-se mais forte do que minha paciência.
Não tenho mais esperanças. Nenhum motivo para acreditar na justiça de Deus ou dos homens. Tudo o que me resta é a vontade de encerrar de vez este tormento.
A alegria de ter te conhecido é o único bem que levo da vida.

Do teu, para sempre,
Gabriel.

Gabriel Rodrigues terminou de escrever o bilhete de despedida e o depositou sob o colchão do catre, para que fosse encontrado depois da hora fatal. Observou os dois colegas de cela, que dormiam profundamente, e resolveu que agiria naquela mesma noite. Ainda não sabia exatamente como daria término a seu sofrimento. Cogitava utilizar a navalha de barba ou mesmo uma peça de roupa para se enforcar. O método para cometer o suicídio era o que menos lhe importava. O que queria mesmo era paz.

O estado de espírito que o animara nos primeiros tempos de encarceramento — quando ainda lhe restavam resignação e esperança — dera lugar a uma revolta que lhe dominava a mente, a carne, os ossos, cada célula do seu ser. Recaíra sobre ele toda a responsabilidade por um crime que jamais cometera. Várias provas o incriminavam, as circunstâncias embasavam-nas com rigor irrepreensível e a total falta de álibi era motivo de escárnio para os algozes que lhe imputaram a pena.

— Eu estava sozinho em casa, a ler um romance — disse Gabriel no julgamento, com total ingenuidade.

O juiz de peruca alva não ocultou um sorriso, enquanto o promotor o pressionava:

— Alguém poderia comprovar tal testemunho? Havia mais alguém com o senhor na noite do crime?

Ninguém. Seu velho pai estava fora, a jantar com companheiros dos seus tempos de oficial da Cavalaria. Até ele, que sempre o apoiara e amara, pensava que era culpado. Amargava a certeza de que seu filho amado tinha se tornado um assassino.

૱

Para compreender os motivos que levaram um inocente à cadeia, devemos retroceder algumas páginas no vasto livro do tempo, à época em que Gabriel Rodrigues conheceu Heloísa.

Ela era a mais encantadora entre as jovens da requintada corte fluminense. Belíssima e dotada de nobre e generoso coração, possuía o dom de despertar atenções por onde passasse. Com apenas dezessete anos, era a personificação da espontaneidade e da doçura. Seus olhos azuis possuíam uma luminosidade ímpar, nascida da grandiosidade de sua alma, e a inteligência coroava-lhe os dotes físicos e espirituais. Era, enfim, uma verdadeira princesa.

Seu pai, o conde Maurício Albuquerque de Sá, era um poderoso proprietário de terras, localizadas nas imediações da província, em Cantagalo. Sua fazenda de café contava com a mão de obra de mais de quatrocentos escravos adultos, figurando entre as mais produtivas empresas agrícolas do sudeste brasileiro.

Àquela época, café era sinônimo de ouro puro. Após o declínio da mineração em Minas Gerais, a planta assumira o posto de vedete comercial do Império, erigindo fortunas. A safra brasileira era exportada para diversos países da Europa, e o Rio de Janeiro, celeiro e principal porto de escoamento dos preciosos grãos, alçara-se ao posto de maior produtor cafeeiro do mundo. Próspera e bela, a corte carioca era o coração pulsante da fortuna e da cultura nacionais.

Dentre os milionários que surgiram no período, os Albuquerque de Sá figuravam entre os mais ilustres. Além das centenas de alqueires de cultivo, possuíam uma tecelagem, onde confeccionavam milhares de sacos de estopa para o armazenamento do produto. Para cumprir os contratos de exportação, pagavam pesadas taxas e dependiam de atravessadores, mas, ainda assim, garantiam um lucro exorbitante.

O abastado conde Maurício privava da amizade do próprio Imperador e, não raro, a família era convidada para bailes e recepções no palácio de Petrópolis, onde a mais alta aristocracia carioca comparecia em grande estilo.

Heloísa, única herdeira do vultoso patrimônio familiar, era vista pelos jovens casadoiros da época como excepcional partido. A disputa era acirrada, mas, dentre os seus muitos admiradores, havia um que se destacava: Otaviano de Moura Ferraz, herdeiro de uma das maiores criações de gado da Província. Otaviano fazia a corte de forma afoita, quase deselegante, impondo sua presença à donzela sempre que possível. Nos bailes, insistia por um maior número de contradanças do que o concedido aos rivais; no dia a dia intercalava visitas à família com bilhetinhos e flores; e, quando se encontravam no Passeio Público, insistia por tomar-lhe o braço, com decidida e impertinente galanteria.

Os pais de Heloísa davam força ao namoro, prenunciador de um casamento estável e vantajoso para ambas as partes. Mas era a mãe da donzela a mais obcecada pela ideia. Dona Maria Angélica Albuquerque de Sá não via a hora de ver a filha casada com um Moura Ferraz. Sua insistência para que o compromisso se tornasse sério agoniava Heloísa, que se achava ainda nova para decisão tão importante.

2
Um juramento

O conde Maurício Albuquerque de Sá, velhote simpático, de bigodes amarelados e longas suíças brancas, tinha o costume de jogar canastra nas tardes de terça-feira, acompanhado de três de seus melhores amigos, uns respeitáveis e opulentos comerciantes, sempre trajados com lustrosas casacas negras. Naquela tarde, ele tinha em mãos uma sequência máxima de ouros. Apenas aguardava o momento certo para apresentar seu trunfo. Mas dona Maria Angélica privou-o de tal prazer, adentrando o recinto com estardalhaço.

— Sinto interromper, senhores, mas o ar me falta tamanha a preocupação que sinto. Preciso de um minuto da atenção de meu esposo, antes que as consequências sejam desastrosas.

Os jogadores suspiraram. Sabiam que dona Maria Angélica contava os minutos em um ritmo bem mais lento do que o normal.

O conde levantou-se com resignação, certo de que seria impossível contrariar as vontades de sua senhora, e cerrou-se com ela na saleta de café. Corria à boca miúda que, na casa dos Albuquerque de Sá, a verdadeira patroa usava saias. Era a mais pura verdade.

— O que te aflige, minha cara? Em uma rodada ou duas, já terei vencido o jogo.

— Teu jogo que espere! — cortou a matrona, com rispidez. — Heloísa saiu depois do almoço com a ama e, até agora, não retornou.

O conde esfregou os olhos, cansado.

— Não vejo que grande mal há nisso. Nem badalaram as sete horas. Nossa filha deve ter estar em companhia do jovem Otaviano, a fazer o *footing* do final da tarde.

— São sete e meia! — corrigiu a senhora. — E fique sabendo que Otaviano está aí, em nossa sala de estar, com um buquê de flores nas mãos e o ar mais desenxabido que já vi neste mundo. Veio apresentar seus respeitos à nossa filha que, para demérito de nosso nome, não está em casa!

— Acalma-te, minha cara — tentou contemporizar o conde. — Antes das oito, ela estará de volta. Heloísa é moça séria, tem a cabeça no lugar.

— Sim, e também o resto do corpo. Talvez meu marido não tenha notado, mas nossa filha se tornou uma bela mulher. Se começa a desfilar por aí após o anoitecer, verás em breve o quanto se porão a falar.

— Sossega, eu te peço. Convidarei Otaviano para um charuto e uma mão de carteado. Nossa filha há de aparecer em breve.

— Deus te ouça! — gemeu a mulher. — Se Heloísa botar fora um partido desses, juro que a renego!

E, com as rendas do vestido esvoaçando, dona Maria Angélica foi ordenar a um escravo que introduzisse o jovem pretendente à sala de jogos.

Jovem, belo e destemido, Otaviano de Moura Ferraz não estava acostumado a ver insatisfeitos seus desejos. Era grande admirador de si mesmo e acreditava que os outros existiam neste mundo com uma exclusiva missão: suprir-lhe as necessidades.

Quando foi informado de que Heloísa estava fora àquelas horas, seu sangue ferveu. Onde teria ido sua gentil prometida?

— Não há com que se preocupar — amenizou o conde. — Heloísa deve ter ido à missa. Aposto que já está para chegar.

— A igreja fica do outro lado da praça, senhor conde — rosnou o rapaz, contrariado. — Ela já teria voltado há tempos.

— Estou certo de que minha filha terá uma boa explicação para o atraso. Por que não tomas parte em nosso carteado para ajudar a passar o tempo?

Otaviano franziu o cenho, enfastiado. Detestava a companhia dos velhos. Julgava-os enfadonhos, insuportáveis. Achava-se tão especial e superior que nem lhe passava pela cabeça a possibilidade de aprender algo novo com pessoas mais experientes.

— Se Vossa Senhoria não se importa, prefiro ler o jornal.

— Naturalmente, meu caro — aquiesceu o conde. — Acende um charuto e serve-te de um cálice de licor.

Otaviano depositou, desajeitadamente, o buquê de flores sobre a mesinha de canto e, abrindo o jornal, pôs-se a fingir que lia. Em seu íntimo, porém, remoía a desfeita de que se julgava vítima. Onde, afinal, estaria sua amada?

꽃

Heloísa permanecia, desde a hora do almoço, a expressar seu mais sublime predicado: a generosidade.

Rosário, a escrava que a acompanhava desde menina, era uma negra de meia-idade, silenciosa e tímida, dona de um caloroso sorriso e de um doce coração. Era a mais fiel confidente da jovem donzela, amiga estável e sincera. Não é de se estranhar que a moça depositasse mais confiança naquela humilde ama do que em sua arrogante genitora.

A ama de Heloísa andava atormentada por preocupações e a mocinha fazia questão de compartilhar dos problemas da amiga, auxiliando-a no que estivesse ao seu alcance para minimizá-los.

O pai de Rosário, antigo escravo doméstico de uma família de Niterói, fora alforriado recentemente, mas, ao contrário de encontrar alegria na tão sonhada liberdade, enfrentava agora a mais absoluta penúria. Os grilhões da marginalidade social, o preconceito feroz, a fome e a doença continuavam a afligi-lo com o mesmo vigor dos tempos do tráfico negreiro permitido e dos grilhões de ferro nos pés. Apesar do benefício concedido pela recente Lei dos Sexagenários, que o libertara, a miséria implacável não deixara de escravizá-lo. Antonio — era este o nome daquele humilde trabalhador de pele negra — não tinha mais a proteção do poderoso senhor que antes o acolhia, e suas possibilidades de arranjar emprego fixo, na idade em que estava, eram praticamente nulas: não podia competir com os trabalhadores livres e jovens, naturais do Brasil ou imigrantes. Para não depender totalmente da filha, cativa e sem recursos, tecia redes de pesca que vendia no Mercado Central. Mas tal labor resultava em míseras moedas, vinténs que não bastavam para sustentar a casa.

Em companhia do velho Antonio, vivia Tomé, menino órfão que fora acolhido por compaixão e que era amado como se fora filho legítimo de Rosário. Como todos os negros de sua idade, Tomé nascera sob os auspícios da Lei do Ventre Livre. Mas sua liberdade era tão ilusória quanto a do avô adotivo. Ele não possuía nada do que era reservado às crianças brancas. Não tinha roupas adequadas, alimentação suficiente ou cuidados médicos. Era um garoto adorável e alegre, mas sua magreza era indicador evidente da pobreza em que viviam.

O pequeno Tomé era obrigado a contribuir com seu trabalho para a manutenção da família. Embora tivesse apenas oito anos, suava do alvorecer à mais alta noite na fábrica de tecidos da família Albuquerque de Sá. O emprego na tecelagem era tão estafante quanto a labuta nos campos de cultivo. Diante de rocas gigantescas e imponentes máquinas de fiar a vapor, sob um calor escaldante, Tomé trabalhava entre homens e mulheres das classes mais desfavorecidas da população. E não se tratava de exceção. A partir dos cinco anos, os pequenos — principalmente pardos e negros — já eram vistos como adequados ao serviço fatigante e braçal. Seis dias por semana, de quatorze a dezesseis horas por dia, meninos e meninas abriam mão de sua infância em troca de míseros trocados.

Rosário entregava a seus dois parentes amados o pouco que conseguia ganhar. Mas, se não fosse a ajuda de Heloísa, singela, mas tão necessária, a família já teria sucumbido aos tormentos da privação. Com pequenas doações — roupas, alimentos, quando possível algum dinheiro —, Heloísa ajudava a sustentar-lhes a dignidade. Sensata e justa, apesar de sua pouca idade, ela se revoltava ao constatar que seres humanos seguiam tratados como animais de carga para encher de ouro a bolsa de uma minoria faustosa e insaciável. E o que mais lhe pesava na alma era saber que toda a riqueza de sua respeitada família se sustentava nesse tão vergonhoso mecanismo de poder e exploração.

Naquele dia, a indignação de Heloísa encontrou combustível na deflagração de uma tragédia. Quando ela e Rosário chegaram ao casebre trazendo um cesto de mantimentos, o velho Antonio surgiu à porta com uma expressão mortificada. Com os olhos inchados de lágrimas, ele deu a triste notícia:

— Tomé prendeu a mão na cortadeira de estopa! O ferimento foi grave, perdeu muito sangue. Jonas veio com ele nos braços, lá da fábrica, e saiu como um doido atrás de ajuda.

Rosário correu para o quarto e sentiu as pernas fraquejarem, dominada por súbita tontura. Heloísa a amparou, horrorizada. O garoto tinha perdido irremediavelmente o dedo indicador da mão direita, extirpado pelas lâminas da máquina de corte. Ardia em febre sobre seu leito, suando em bicas, à beira do delírio. O avô fizera um curativo improvisado, com panos e ervas, mas a visão do acidentado era angustiante. O ferimento fustigava-o, doendo em lancinantes pulsações, e a cor do sangue que tingia os lençóis jamais se apagou das retinas de Heloísa. Ela acalmou Rosário como pôde e se debruçou sobre a criança, incerta sobre a melhor forma de ajudar. Única herdeira da fábrica onde o acidente ocorrera, indiretamente sentia-se culpada. Jurou, naquele instante, que dedicaria sua vida a evitar sofrimentos como aquele. Nem imaginava como poderia cumprir na prática tal promessa solene, mas estava determinada a honrá-la a todo custo. Mudaria a realidade de Tomé e de outros meninos como ele. Traria dignidade para a vida de crianças tão carentes. Seria uma batalhadora em busca de maior respeito e justiça social, mesmo que tivesse que lutar contra tudo e contra todos... contra seus próprios pais!

3
Gabriel

A porta se abriu para a entrada de um jovem de tez muito clara, estatura elevada e harmoniosas feições emolduradas por um cabelo negro e brilhante. Trazia no rosto um ar de extrema preocupação.

Heloísa reparou que os olhos de Antonio se iluminaram de esperança, enquanto corria para saudar o visitante. O jovem, gentil, o acolheu num abraço.

— Corri para cá assim que soube do ocorrido. Como está o nosso Tomé?

— Está mal, professor. Vem dar uma olhada.

Gabriel se dirigiu ao catre onde repousava o menino enfermo. Estava tão penalizado que ainda nem notara a presença de Heloísa e Rosário. Ajoelhou-se e, com carinho paternal, pousou a destra sobre a fronte coberta de suor. Se pudesse, transferiria para si a agonia do menino.

— Pobre criança... — murmurou, sufocado de piedade.

Foi então que alçou os olhos na direção das duas mulheres. Rosário chorava, agradecida pela presença do amigo. Heloísa o encarava, confusa. O que um jovem branco e bem vestido fazia ali, junto àquela família negra, a prestar solidariedade como só um parente faria?

A curiosidade era recíproca. Ficaram a se olhar, emudecidos, dominados por inesperada emoção.

Heloísa jamais vira aquele rosto antes, disto estava certa, mas seu coração reconhecia misteriosamente a energia por ele emanada. Numa fração de segundo, passaram-lhe pela mente fragmentos de memórias antigas, difusas recordações, fatos pretéritos perdidos na imensidão do tempo, que, embora incompletos, impunham-lhe à alma a certeza de um reencontro. Por mais que sua razão insistisse que não conhecia o rapaz, o coração transbordava de emoção. Era como se estivesse revendo uma pessoa querida que o tempo e a distância afastaram, mas por quem continuava nutrindo a mesma arrebatada afeição.

Um rubor subiu-lhe às faces, incontrolável. Seria possível gostar tanto de alguém antes mesmo de saber-lhe o nome?

A certeira mão do destino trazia impressões bem semelhantes à alma de Gabriel. Heloísa renovava em seu íntimo sensações há muito perdidas. Era ela, enfim! A resposta a tudo o que ele vinha buscando pelos tristes caminhos da solidão; a solução para seus mais profundos questionamentos e anseios. Tudo isto souberam os dois num único olhar, naquele abençoado momento da eternidade. Dois espíritos afins se reencontravam depois de vidas, depois de séculos.

Foi como se descesse um raio de luz e esperança sobre a cruel realidade que ora se impunha.

Rosário correu a agarrar a mão de Gabriel.

— Que bom que o senhor está aqui, professor! Já me sinto mais forte.

— Foi Jonas quem me avisou. Vim o mais rápido que pude.

O mulato Jonas era um dos funcionários mais antigos da tecelagem dos Albuquerque de Sá. Inteligente e determinado, era considerado um líder pelos trabalhadores. Seu amor por Rosário vinha de muitos anos e só não tinham se casado ainda devido aos impedimentos da escravidão, aos quais ela ainda se via atada.

— Por que razão Jonas não voltou com o senhor? — perguntou a ama, agoniada.

— Pedi-lhe que me acompanhasse, mas fez questão de retornar à fábrica.

— Era o que eu temia. Deve estar decidido a iniciar uma guerra por causa do acidente!

O temor de Rosário era justificado. Há tempos, Jonas cogitava incitar os trabalhadores a uma revolta contra as insalubres condições de trabalho na tecelagem. O sangue de Tomé era o estopim que faltava para a deflagração do conflito.

— Não te aflijas, minha amiga — apaziguou Gabriel. — Depois que cuidarmos de Tomé, irei ter com Jonas. Não permitirei que nossa indignação se degenere em violência, eu prometo.

Rosário sorriu, agradecida e indicou Heloísa.

— Essa é minha patroa, Gabriel: dona Heloísa Albuquerque de Sá.

O rapaz empalideceu ao ouvir que estava diante da filha do poderoso conde Maurício.

Heloísa baixou os olhos, envergonhada.

— Não é hora para apresentações, Rosário. Tomé é prioridade no momento.

— O que te parece, professor? É grave, não é? — perguntou o velho Antonio, aflito.

— O pobrezinho está ardendo em febre — respondeu Gabriel. — E creio que é grande o risco de uma infecção. Temos que levá-lo ao hospital.

Rosário suspirou, desanimada.

— Na Santa Casa, demorarão horas para nos atender. Não quero ver meu filho sofrendo numa fila. Cuido melhor dele aqui, com as ervas de meu pai e com meu carinho.

— Temo que esses cuidados não sejam suficientes — retrucou Gabriel. — Se não quer levá-lo, encarrego-me de trazer um médico até aqui.

Antonio sorriu, com amargura.

— Numa casa de negros? O senhor deve estar brincando! Que médico concordaria em pôr os pés neste lugar?

— Sei de um que não se furtará a trazer auxílio.

Antes que Rosário ou Antônio pudessem esboçar reação, Gabriel saiu porta afora na mesma rapidez com que chegara.

༄

Antonio foi preparar um bule de café no fogão à lenha, e Rosário aproveitou para contar à sua patroa a história do jovem professor Gabriel Rodrigues.

Heloísa soube que ele dava aulas em um educandário para meninos ricos, embora fosse, ele próprio, rapaz de origem humilde, descendente de imigrantes espanhóis. Após a perda precoce da mãe, com apenas quinze anos, tornara-se arrimo de família e passara a sustentar o pai, um homem bondoso, mas incapacitado e doente. Sua paixão por ensinar era coroada por um idealismo ilimitado. Amante da liberdade e da justiça, sonhava com uma sociedade igualitária, onde todos os homens — brancos ou negros, brasileiros ou imigrantes — pudessem viver em paz, respeito e união. Abolicionista ferrenho, amante de causas elevadas e nobres, traduzia suas convicções em atitudes concretas. Além de ensinar os pupilos ricos, encontrava tempo para dar aulas a crianças carentes, moradoras dos subúrbios da província. Ele considerava inaceitável preparar uma minoria abastada para os desafios do futuro, enquanto a maioria pobre era descartada como se fora inexistente.

O sonho mais precioso de Gabriel Rodrigues era construir uma grande escola, inteiramente gratuita e aberta a toda e qualquer criança, sem discriminação. Enquanto não concretizava tal projeto, restava a saída de orientar pequenos grupos de estudo que se reuniam ora na casa de um, ora na de outro. Tomé se destacara como um dos melhores alunos deste professor caridoso e sonhador e, desde o início daquele mês, o casebre de Antonio passara a ser usado como um desses pontos de encontro.

Como os pequenos da região trabalhavam de forma ininterrupta, restava pouco tempo para o estudo. Cada um não tinha mais do que uma ou duas aulas semanais. Gabriel sabia que encontros tão espaçados seriam insuficientes para prepará-los para o futuro e, há tempos, batalhava pelo direito de dar aulas diárias, mesmo que as classes durassem não mais do que duas ou três horas. Ele queria oferecer a seus alunos pobres, da forma mais abrangente possível, um novo patamar de conhecimento, uma chance concreta de crescimento pessoal e social. Só que, para alcançar tal objetivo, dependia de uma diminuição na carga horária de trabalho na fábrica, onde estavam empregados quase todos os moradores daquela comunidade humilde. Foi em nome dessa causa que o jovem professor se envolveu na luta trabalhista.

Heloísa estava encantada com a descrição que Rosário fazia.

— Como é bom saber que existem pessoas assim. Gente que pensa nos outros antes mesmo de pensar em si.

— O professorzinho é muito amado por estas bandas — concordou Rosário, utilizando o diminutivo com evidente ternura. — Mas tem gente que o detesta!

— E por que motivo? — inquiriu Heloísa, surpresa.

— Quem protege os mais fracos desperta a ira dos poderosos. Gabriel ensina a quem nada sabe, abre portas que outros gostariam de manter trancadas. É um herói para a gente sofrida deste lugar. Mas é inimigo daqueles que nos exploram.

— Como meus pais, por exemplo... — assumiu Heloísa, com pesar.

Rosário não respondeu por gentileza, mas seu silêncio foi eloquente. De fato o jovem professor representava tudo o que ia contra o fausto e a luxúria de seres como os Albuquerque de Sá.

— Os capatazes da tecelagem não podem nem ouvir o nome dele — continuou a escrava. — Sabem que lidera, ao lado do meu Jonas, um movimento para que os operários trabalhem no máximo doze horas por dia. Dessa forma, as crianças poderiam estudar à noite.

— Doze horas já me parece um tempo tão excessivo! Como meu pai pode obrigar essa gente a perder suas vidas assim, sem direito à educação ou ao descanso?

A revolta de Heloísa fervia-lhe nas veias. Ainda não sabia como intervir, mas uma coisa era certa: não quedaria indiferente diante de tamanha injustiça.

4
Doutor Euzébio

Gabriel logo retornou ao casebre, acompanhado de um senhor de aparência respeitável, vasta barba grisalha e penetrantes olhos castanhos. Heloísa surpreendeu-se ao reconhecê-lo. Era o doutor Euzébio Cardoso, um respeitado médico da corte.

A donzela já o vira algumas vezes nos saraus e festas da alta sociedade, onde era recebido como convidado ilustre, sempre pronto a discursar sobre seus excelsos objetivos políticos. O amor pela causa abolicionista, os ideais progressistas, o compromisso com a justiça e com as prementes causas sociais faziam dele um ídolo para toda e qualquer pessoa que tivesse a mente aberta e esperança no futuro.

Era surpreendente deparar-se com um homem de tanta importância ali, em solo tão humilde, portando sua maleta de médico com a simplicidade dos que, por mais alto que se encontrem na vida pública, por mais aclamados e respeitados, jamais abandonam seu mais puro e real valor: a posse de um coração repleto de bondade.

Doutor Euzébio cumprimentou a todos com gentil simpatia, mas não perdeu tempo em atender Tomé. Ministrou-lhe um anestésico, limpou, suturou e refez o curativo sobre o ferimento. Em questão de minutos, havia aliviado o sofrimento do menino e afastado os perigos mais prementes. Em breve, Tomé se sentia aliviado das dores calcinantes que o fustigavam.

Quando se reuniram na saleta rústica para uma caneca de café, o menino dormia, sereno. Antonio e Rosário nem tinham palavras para agradecer, mas o doutor Euzébio só repetia que não tinha feito mais do que sua obrigação.

Heloísa, encantada com a força magnética da personalidade do médico, fez coro aos protestos de gratidão e prontificou-se a pagar a visita. Ele sorriu, recusando terminantemente.

— Ganho o suficiente para meu sustento dos clientes ricos de minha clínica. Ao povo humilde desta região, atendo por puro ideal.

— Deus o abençoe, doutor. E lhe conceda em dobro — disse Rosário, com lágrimas nos olhos.

— Nada fiz além de cumprir minha função — retornou o doutor Euzébio. — Um médico que só pensa no pagamento e esquece de dar assistência aos que mais precisam não merece ostentar o título de doutor.

Heloísa observou Gabriel, que sorria embevecido com aquelas sábias palavras. Ele seguia na prática aquele exemplo, exercendo o magistério com perseverança, dedicando-se ao próximo sem egoísmo ou cobiça, pensando antes de tudo no bem comum. Não pôde deixar de se sentir pequena diante daqueles homens tão valorosos. Jamais pensara sobre a sua própria missão neste mundo. Não conseguia atinar com o sentido prático de sua vida. De que valia a existência de uma mocinha desde sempre protegida e mimada, sem grandes planos futuros e sem profissão, submissa aos desejos de terceiros e a um casamento arranjado? Quem seria Heloísa Albuquerque de Sá, afinal, além daquele nome pomposo, de toda a riqueza que a cercava e da bela aparência que lhe coroava a juventude? A troco de que recebera a preciosa graça desta vida humana? Com que misteriosa finalidade?

Doutor Euzébio pareceu ouvir-lhe os pensamentos e dirigiu-lhe a palavra com doçura:

— Gabriel informou-me, a caminho daqui, que a senhorita é filha do conde Maurício de Sá.

— O senhor conhece meu pai?

—Vimo-nos algumas vezes, por ocasião de debates políticos. Infelizmente, temos um pensamento diverso acerca de algumas questões.

— Bem o sei... — suspirou Heloísa. — Meu pai não compreende os anseios do povo pela abolição. Sinto que prefere parar no tempo a encarar mudanças inevitáveis.

O médico percebeu que Heloísa possuía inteligência equiparável à sua beleza. Ela, inflamada, continuou a desabafar:

— O senhor nem pode imaginar como eu gostaria de participar do debate político que ora divide o Império. Adoraria tomar parte nas discussões acerca do fim da escravidão e da possível proclamação de uma república no Brasil. Só que, infelizmente, nem o Partido Liberal consegue ser tão liberal a ponto de aceitar uma mulher em seus debates. É penoso assumir, mas, em alguns momentos, eu preferia ser um homem.

Gabriel não pôde deixar de interferir:

— Não brinques, dona Heloísa. Isto seria um desperdício lastimável.

Todos riram, mas o doutor Euzébio não deixou escapar a arguta observação.

—Vejo que a senhorita é partidária dos mesmos ideais que professo. Acredito do fundo da alma que somos todos iguais, acima das convenções e aparências. Brancos ou negros, homens ou mulheres, somos seres humanos com o mesmo direito à liberdade e à paz.

— Sem dúvida, doutor! — ressaltou a donzela, com firmeza.

— E me parece que a abolição e a república são um passo fundamental para que o Brasil nos abra caminho para conquistar de fato essa igualdade.

— Não creio que vosso pai ficaria muito satisfeito ao ouvi-la — deixou escapar Gabriel, com sinceridade.

— Tenho o direito de alimentar meus próprios sonhos — ressaltou Heloísa, corajosa. — Só preciso descobrir a melhor forma de lutar por eles.

Terminado o café, o doutor Euzébio apanhou sua maleta e se dirigiu à porta, comprometendo-se a retornar em breve para acompanhar o estado de Tomé. Ele cumprimentou calorosamente a cada um, com a gentileza que lhe era peculiar, e, antes de partir, dirigiu-se mais uma vez a Heloísa:

— Foi um prazer conhecê-la, senhorita. De fato, vivemos numa sociedade retrógrada demais. Um dia, mulheres como a senhorita tomarão parte nos debates políticos e terão tanta autoridade quanto os homens.

— Assim espero — disse ela. — Pelo bem do mundo!

O médico abriu um largo sorriso, deu um último aceno e afastou-se em direção à rua escura.

5
Uma tempestade se anuncia

A caminho de casa, Heloísa teve a satisfação de contar com a companhia do novo amigo Gabriel. Tomaram um bonde até Botafogo e realizaram a pé a última etapa do trajeto. Rosário, com o coração apaziguado após a visita do doutor Euzébio, caminhava silenciosa, alguns passos atrás, deixando os jovens conversarem à vontade.

— Já conhecias o doutor? — inquiriu Heloísa, curiosa.

— Não pessoalmente — confessou Gabriel. — Mas sabia onde morava e sempre ouvi dizer que não nega auxílio a quem o requesta. Felizmente, tivemos a comprovação desse fato.

— Sem dúvida, trata-se de um homem de nobilíssimas qualidades.

— Dizem que é espírita e que, por esse motivo, preocupa-se tanto com a caridade. Será verdade?

— É bem possível. Nos saraus, não se fala de outro assunto.

De fato, o Espiritismo estava em voga no Brasil daquele final de século.

—Tenho grande curiosidade pelo tema — confessou Heloísa. — Será verdade que podemos nos comunicar com aqueles que já morreram?

Gabriel não conteve um sorriso irônico.

— As pessoas gostam de inventar razões e justificativas para aquilo que não compreendem, dona Heloísa. Acredito nas boas intenções dos espíritas, mas acho que estão depositando muito empenho numa mera fantasia. A vida é uma só. Quando a morte nos impõe um termo à existência, não há mais o que esperar, é o fim de tudo.

—Vejo que és bastante cético...

— Espero não te ofender em tuas crenças, mas meu ateísmo é completo. Acredito no que vejo, naquilo que existe de concreto. Não entendo por que tanto esforço em ir além.

Heloísa preferiu não prosseguir no assunto. Ela mesma não possuía segurança de suas convicções. Sentia, apenas, que a vida não podia limitar-se à perenidade fugaz da matéria. Sua intuição a levava a um grau mais alto de compreensão, à certeza de um sentido oculto, mas racional para a existência. A fé em um criador amantíssimo, pai de todos os seres, se lhe impunha à mente com o vigor de uma verdade.

Achou curioso notar que Gabriel era tão avesso à religiosidade quanto Otaviano, seu rico pretendente. Os dois lidavam de forma muito diversa, entretanto, com seu materialismo. Otaviano, certo de que a existência era única e perecível, agarrava-se aos prazeres e ao luxo com a volúpia de quem precisa aproveitar sua única chance. Despreocupado com o porvir além da carne, certo de que não continuaria ativa a chama da consciência, ele via a Terra como celeiro para suprir suas ambições e queria dela tudo usurpar.

Gabriel também encarava a vida como única chance. Mas tinha motivação bem diversa: queria fazer o bem, auxiliar ao próximo, dar algum sentido e valor à jornada que considerava única e finita.

Heloísa concluiu que estava diante de um verdadeiro cristão, apesar de ele se considerar ateu. Embora se dissesse avesso à ideia de Deus, Gabriel vivia em Seu nome. Era uma expressão de Seus profundos desígnios e de Sua infinita bondade.

Rosário não pôde deixar de reparar na forma como a mocinha olhava para o professor. Viu que, de seus olhos, emanava um brilho puro, de compreensão e amor. Ao se dar conta do poderoso sentimento que envolvia os jovens, a escrava foi tomada por aguda preocupação. Sem dúvida, formavam um lindo casal, mas enfrentariam toda sorte de dissabores e contrariedades caso insistissem em seguir o comando daquela atração.

◊

Na mansão dos Albuquerque de Sá, o clima era de perplexidade. Embora tivesse personalidade forte e grande amor à sua liberdade, Heloísa jamais ousara se ausentar do lar por tanto tempo.

O carrilhão da sala de jantar já badalara as nove horas e os parceiros de carteado do conde Maurício se retiraram depressa, ao pressentir a crise familiar que ia se impondo à passagem dos minutos.

Dona Maria Angélica, com a fronte vermelha e afogueada, fervia de tanta ansiedade. No fundo, estava mais preocupada em não desagradar o futuro genro do que com a segurança da filha.

— Peço-te que acredites, meu bom Otaviano, que esta situação é exceção e não regra nesta casa. Nossa filha foi criada para acordar com o canto dos galos e dormir ao brilho das primeiras estrelas. Se até agora se ausenta há de ser por conta de um impedimento muito grave. Só rezo para que não tenha ocorrido um acidente!

— Por que pensar no pior? — buscava amenizar o conde.

— Ela deve ter encontrado alguma amiga e perdeu a noção do tempo, a conversar.

Otaviano sentia-se amargurado. Ansiava por aquele encontro há dias, ensaiara as palavras mais sedutoras e doces para despejar nos ouvidos de sua prometida. Seria uma desfeita se ela tivesse trocado o encontro romântico, previamente marcado, por uma reles visita social.

O vaidoso rapaz estava se sentindo traído. Odiava ficar em uma posição indefesa, pois crescera decidido a ser senhor e mestre das situações em que se envolvia. Tendo perdido os pais muito cedo, fora criado por uma avó, que logo se tornou senil e fragilizada. Viu-se obrigado, ainda garoto, a assumir a responsabilidade por sua própria vida, pelos negócios, por tudo. Não foi fácil, mas aprendeu a não depender de ninguém para ampará-lo. Tornou-se dono de seu próprio nariz e odiava se sentir submisso a quem quer que fosse. Heloísa não tinha o direito de humilhá-lo.

Quanto à velha senhora que o criara, julgava-a agora um peso morto, companhia inútil e incômoda que deveria aturar até que morresse. Acostumado a tratá-la como mero objeto, deixava-a constantemente aos cuidados de escravos. Tocava sua vida com o destemor e a liberdade de um homem rico e só. Ao desejar algum bem ou comodidade, Otaviano comprava-o. Ao querer companhia amiga, apelava para subordinados que, dependentes de sua riqueza, fingiam, com grande exaltação e empenho, um afeto inexistente. Acostumado ao poder e ao luxo, ele se julgava no equivocado direito de usar o mundo à custa de suas necessidades. Estar ali, ao lado de um desarranjado buquê de flores, enquanto sua diva se ausentava em misteriosas atividades noturnas, era algo que, para dizer o mínimo, exasperava-o.

— Creio que devo transferir a visita para outra noite — declarou, decidido a encerrar o tormento.

— Espere um pouco mais! — berrou dona Maria Angélica, como a querer amarrá-lo à cadeira com a força de sua inflexão. —Talvez tenha ocorrido algo grave, afinal. Deus nos livre, mas pode ter sido um assalto. Sabes como são perigosas as ruas desta província após o entardecer.

— Não nos transtornemos por pouco — abrandou o conde, com bonomia. — Não se trata de um caso de polícia, e sim de mera distração.

— Aguardarei por notícias em minha casa — decidiu Otaviano. — Peço que me mandem um recado quando tudo se esclarecer, pois também começo a substituir minha surpresa por preocupação.

Otaviano não se preocupava com Heloísa de fato, mas sim com as aparências, com suas rígidas noções de respeito e obediência. Se alguém o fazia esperar, devia ser por algum motivo superlativo. Bom seria que houvesse uma boa explicação para a desfeita ou Heloísa haveria de responder a afronta à altura, fosse como fosse. Ninguém, nem mesmo a donzela que dizia amar, tinha o direito de contrariar suas vontades.

༺ঌ

Ao se aproximarem da residência dos Albuquerque de Sá, Heloísa e Gabriel acabavam de combinar um segundo encontro, em situação mais amena. Ele propôs um passeio até a praia de Botafogo na tarde seguinte, e ela aceitou com gosto. Adorava o sol e o mar. Sabia, entretanto, que teria que inventar uma boa desculpa para dar aos pais. Tinha consciência de que eles jamais concordariam com tal programa, que seria considerado incômodo empecilho ao compromisso que vinham construindo com os Moura Ferraz.

Diante do portão de casa, Heloísa apertou a mão do jovem professor com delicadeza, agradecida por ter contado com sua gentil companhia.

Rosário estava tensa, temerosa da reação dos patrões quanto ao atraso. Tocou o braço de sua protegida, induzindo-a a entrar depressa, mas não houve tempo para que se livrassem da dificuldade. Heloísa e Gabriel permaneciam de mãos dadas quando a porta da mansão se abriu. Era Otaviano que vinha seguido pelo conde e a condessa, tentando se desvencilhar das desculpas que lhe desfiavam. Os três quedaram, imóveis e boquiabertos, diante do casal de dedos enlaçados. Foi como se o tempo parasse, cristalizando aquela surpreendente cena em suas mentes.

Rosário fechou os olhos, desconsolada, certa de que uma tempestade sem precedentes estava prestes a desabar.

Heloísa soltou as mãos de Gabriel depressa, mas não evitou o constrangimento que se abateu sobre a cena.

A condessa correu para a filha, afogueada.

— Heloísa! Estás querendo nos matar de preocupação?

— Está tudo bem, mamãe.

Maria Angélica dirigiu um olhar desconfiado para Gabriel.

— Quem é este moço?

— Este é Gabriel Rodrigues. Amigo da família de Rosário.

— Amigo da família da escrava? — perguntou a matrona, perplexa.

— Perfeitamente — anuiu Gabriel.

Heloísa contou sobre o triste acidente ocorrido na tecelagem e louvou o precioso auxílio que Gabriel trouxera. Mas sua narrativa não comoveu ninguém. Pareciam não compreender a gravidade do ocorrido. Aquela falta de sensibilidade e compaixão exasperou ainda mais a jovem donzela.

— Será que não ouviram o que acabo de contar? Um menino de oito anos foi gravemente ferido!

— Abaixe o tom! — ordenou a condessa, com severidade. — Somos proprietários da fábrica, mas não podemos ser responsabilizados por um acidente. Eles acontecem, afinal de contas.

— Tua mãe está certa — concordou o conde.

— Pois eu acho que somos responsáveis — afirmou Heloísa, corajosa. — Os operários trabalham demais, sem direito a descanso. E uma criança não pode operar uma máquina perigosa como a cortadeira de estopa. Eu acho que...

— Cala-te! — ordenou a condessa, com rispidez. — Não passas de uma menina e não deves te imiscuir em questões que não te dizem respeito. Anda! Vai imediatamente para teu quarto que conversaremos depois.!

— Ouve o que diz tua mãe, Heloísa — ajuntou o conde. — Vai para teu quarto antes que a grosseria que cometeste com teu noivo se torne ainda mais grave.

— Ele não é meu noivo! — ressaltou a moça, nervosa.

Com lágrimas nos olhos, ela lançou um último olhar a Gabriel e seguiu depressa para dentro de casa, acompanhada da ama. Fez questão de não dirigir palavra a Otaviano que enrubesceu, engasgado com a afronta.

— Não repares, Otaviano. Minha filha não passa de uma rapariga tola e suscetível. Não sabe o que diz — tentou consertar a condessa. — Deve ter se impressionado por causa do acidente com o negrinho.

— Ele se chama Tomé! — cortou Gabriel, exasperado com a expressão preconceituosa.

Otaviano deu dois passos na direção do rival. Seus olhos fuzilavam-no.

— Não deverias te intrometer no que não te diz respeito. Por que te interessas pelas agruras da vida de um negro?

— É meu aluno. Tenho-lhe grande afeição.

Otaviano riu, com grossa ironia.

— Quem diria? Um professor de escravos!

O conde Maurício compreendeu tudo. Já ouvira falar de Gabriel Rodrigues anteriormente. Era o professor que enchia a cabeça dos operários de sua fábrica com ideias revolucionárias.

— Não sei onde está o problema — enfrentou Gabriel. — Escravos são pessoas como nós.

— Fala por ti — resmungou Otaviano, com nojo. — Não me coloco ao nível dessa gente.

—Vejo que não. Está claro que não o alcanças.

Com medo de que a discussão se degenerasse em violência, a condessa fez sinal para dois escravos, grandes e fortes, que observavam a discussão à distância. Mas, nessa altura, Gabriel já tinha se afastado.

— Minhas lembranças à dona Heloísa! — gritou ele ainda, antes de partir.

Com o jovem professor, seguiram a estupefação dos Albuquerque de Sá e o ódio de Otaviano, que, com a empáfia abalada, não tirava da cabeça os dedos daquele impertinente enlaçados aos de sua amada.

6
Os operários se organizam

Sem alternativa, o ultrajado pretendente despediu-se e seguiu, humilhado, até o luxuoso coche que o aguardava na esquina.

Reginaldo, escravo doméstico que servia de condutor, correu pressuroso a abrir a portinhola para o patrão. Mas, assim que lhe divisou o semblante, ficou ressabiado. Conhecia a expressão que o jovem trazia no rosto: sombria, angustiada, carregada de rancor. Sabia bem o que ela prenunciava: gritos, desrespeito e castigos injustos impostos aos cativos.

Ao longo dos anos, Reginaldo aprendera a se relacionar com o orgulhoso Moura Ferraz. Conhecia-lhe as vontades e manias. Sabia quando era possível apaziguar seus rompantes de raiva com palavras submissas e elogiosas, domando-lhe os maus instintos com a força da bajulação. Mas também sabia quando escolher o silêncio e deixar a fera quieta em seu canto, agarrada a seu orgulho. Nessas horas, adivinhava-lhe os secretos escrutínios, as vontades torpes, a crueldade. E, antes que respeito, tinha-lhe profundo medo.

— Nunca fui tão insultado — rosnava Otaviano a si mesmo.

— Não há de ficar assim.

— A visita não foi como sinhozinho esperava? — arriscou o escravo, suave.

—A visita não aconteceu! — berrou Otaviano. — Heloísa estava fora, ocupada com outro... compromisso. Agora cala-te e toca para casa. Há muito tempo espero a chance de confirmar o afeto de minha preferida. Chegou a hora de saber se ela merece de fato a minha estima. Anda! Põe esses cavalos a galope.

Reginaldo obedeceu prontamente. Cerrou a porta do coche e correu a pegar as rédeas, incentivando a parelha de alazões com estalos de chicote.

Enquanto o carro chacoalhava pelas ruas de paralelepípedos do velho Rio, Otaviano sentiu no rosto o calor de uma lágrima. Ela escorreu-lhe pela face, amarga, sofrida, carregada de ressentimento.

༺❁༻

A condessa Maria Angélica cerrou-se com Heloísa no quarto da donzela. Estava furiosa.

— Enlouqueceste, filha? Onde é que estavas com a cabeça para aprontar tal desfeita com Otaviano?

— Nada devo àquele homem — retrucou Heloísa, amuada.

—Acaso estás esquecida de quem ele é? Um dos partidos mais cobiçados do Rio de Janeiro: rico, belo, inteligente. Dizes que não lhe deves nada. Pois saibas que lhe deves teu futuro, tolinha.

— Meu futuro será aquele que eu escolher para mim.

A condessa ergueu o tom de voz, raivosa:

— Não permitirei que desperdices a chance de te casares com um Moura Ferraz!

— Eu não o amo — sussurrou Heloísa, enfadada.

— O amor! — vociferou a velha dama. — O que entendes do amor? Quero te ver com conforto, rodeada de luxo e segurança. Aprenderás a querer bem a teu marido, a respeitá-lo, como aconteceu comigo em relação a teu pai.

Era mentira, Heloísa bem o sabia. Maria Angélica não suportava o marido e nem de longe o respeitava. Mas a velha senhora não deu tempo para respostas e continuou seu discurso:

— Unir-se a um bom marido de sua estirpe é mais do que uma escolha, filha. É uma obrigação imposta pela sociedade. Quanto ao amor, contenta-te com teus livros de poesia. Sejas ponderada e penses no teu bem-estar. Agora és nova, tens a mim e a teu pai. Mas deves considerar os dias que virão.

— Otaviano é um rapaz estranho, mamãe. Parece tão alegre às vezes, mas isso não passa de fachada. Quando se cala, seu silêncio me assusta. Há uma tristeza infinita em seu olhar, uma mágoa que não se explica. E o pior é que sinto que culpa os outros por sua angústia, anseia descontar no mundo a desdita que, eu sinto, guarda no coração. A senhora acha que ele é bom e honesto, bem o sei. Mas há tanta amargura em seu peito, uma raiva represada e sinistra. Eu a adivinho em cada momento em que estamos juntos. Jamais serei feliz ao lado de tal homem. Ele me dá nos nervos, mamãe.

— E de quem gostas, afinal? Do rapaz que te agarrava os dedos aí em frente, oculto pela noite?

— Por Deus, acabei de conhecê-lo. Não penses mal dele e nem de mim. Eu apenas agradecia seus cuidados com Tomé, o garoto que se feriu.

— Espero mesmo que tenha sido apenas um gesto de cortesia. O moço é de boa família, ao menos? Sabes se tem um bom berço?

— Não sei, mamãe — respondeu Heloísa, cansada. — Não me importam tais detalhes fúteis.

— Fúteis são teus argumentos para estragar o resto de tua vida. Terás Moura Ferraz em teu nome ou não me chamo Maria Angélica Albuquerque de Sá! Ai de ti se te vejo de novo com aquele rapazote de quem não sabes ao menos a procedência. Veste-se como a ralé, isso bem reparei. Aposto que não tem onde cair morto. Sem dizer que foi muito petulante comigo e com teu pai.

— Gabriel Rodrigues é um bom moço, eu te asseguro. É professor e Rosário me contou de sua luta para instruir as crianças pobres.

A condessa fez uma cara que se dividia entre o nojo e o desdém.

— Parece-me pior a cada instante! Um professor pobretão com alunos ainda mais desprovidos do que ele. Onde um homem pode chegar com um trabalho desses? Esquece que o conheceste, é o melhor que podes fazer.

Heloísa ainda tentou retrucar, mas a mãe não permitiu:

— É uma ordem, Heloísa! Não ouses me desafiar!

E, com uma intensidade trágica e triunfal, a megera saiu, batendo a porta.

Heloísa suspirou, pesarosa. Quisera ter conhecido Gabriel de uma forma mais tranquila. Mas o destino... ele tem seus mistérios. A flor mais pura nasce, por vezes, entre o cascalho bruto. A afeição mais profunda entre dificuldades de toda sorte.

෴

No momento em que Otaviano desembarcava diante do luxuoso solar dos Moura Ferraz, localizado no ponto mais alto de uma colina e debruçado sobre os rochedos negros do quebra-mar, Gabriel Rodrigues chegava à frente da fábrica de tecidos dos Albuquerque de Sá. Conforme ele esperava, havia uma aglomeração de pessoas diante do portão principal. Eram operários da tecelagem que, revoltados com o acidente de Tomé, debatiam vigorosamente as atitudes a tomar. Alguns falavam em greve. Outros, mais radicais, cogitavam a invasão, o quebra-quebra e o saque.

Sobre um palanque improvisado na traseira de um carro de bois, o mulato Jonas discursava, veemente:

— Hoje uma criança foi ferida! Jamais poderá se curar da mutilação que sofreu. Amanhã, quem será o próximo? O que mais vamos esperar para agir? Uma morte? Um funcionário inválido para sempre? Até que ponto vamos aguardar antes de tomar uma atitude? Devemos nos deixar abater como animais ou lutar como homens?

A multidão urrou, em uníssono, exigindo a revanche. Estavam fartos da exploração dos patrões e da violência dos capatazes. Eram homens livres, afinal. Era chegada a hora de interromper o tormento, pôr um basta em tanta injustiça e lutar.

Alguns operários, munidos de paus e pedras, começaram a investir contra o portão, na tentativa de derrubá-lo. Mas, antes da deflagração total do tumulto, Gabriel Rodrigues interveio:

— Amigos! — gritou ele. — Vamos nos acalmar. Temos que manter a cabeça fria e debater antes de partir para a violência. Se derrubarmos este portão e invadirmos a fábrica, estaremos devolvendo a agressão sofrida com ainda mais agressão.

— E não é o justo? — questionou Jonas, com intensidade.

— Quebrar as máquinas e colocar fogo no prédio é pouco diante do que merecem os Albuquerque de Sá!

O povo voltou a gritar, apoiando.

— Calma, minha gente! — insistiu Gabriel, com firmeza. — Se apelarmos para a depredação, os capatazes responderão a tiros. Além disso, hão de chamar a polícia. Seremos todos presos e perderemos a razão. Se desejam justiça para o pobre Tomé, ajam dentro dessa mesma justiça. Vamos impor nossos ideais sobre os Albuquerque de Sá, mas sem nos igualar a eles. Proponho que formemos um grupo de representantes. Amanhã, com o dia claro e mais calma em nossos corações, pediremos uma audiência com o patrão. Ele há de ouvir nossas reivindicações.

Muitos ainda protestavam, mas Gabriel Rodrigues era muito querido e respeitado por todos. O próprio Jonas desistiu de incentivar a invasão e passou a apoiá-lo:

— Vamos ouvir o professor, meus amigos! Ele tem razão quando diz que não ganharemos nada sendo presos. Vão nos tratar como criminosos, quando, na verdade, somos vítimas. Amanhã falaremos com o conde Maurício. Ele há de nos ouvir.!

Confiantes na liderança de Gabriel e Jonas, os manifestantes foram se acalmando e dispersando. Em menos de meia hora, a frente da tecelagem voltava a mergulhar na paz e no silêncio da noite.

※

Gabriel e Jonas seguiram juntos, a caminho de suas casas. Eram companheiros na luta operária, mas, acima de tudo, eram grandes amigos. Quando se conheceram, Jonas, filho de um pai branco e uma mãe negra, tinha acabado de conseguir sua alforria e era totalmente analfabeto. Gabriel percebeu-lhe a inteligência ao primeiro contato e se prontificou a lhe ensinar as letras. Em poucos anos, tornara-se um homem instruído, escrevia com perfeição e era leitor voraz. Sua dívida de gratidão para com Gabriel era imensa e, bondoso, ele a pagava com fiel companheirismo.

Quando deixaram a rua da tecelagem e emborcaram por uma ruela sombria, Jonas continuava excitado e apreensivo:

— Achas mesmo que o conde Maurício ouvirá nossas súplicas, Gabriel?

— Terá que ouvi-las, mais cedo ou mais tarde. O Brasil está mudando, meu amigo. A cada dia, parece mais próximo o final da escravidão e há muitos que pregam o advindo da república. Os industriais terão que se adequar a um novo mundo, com mais justiça e igualdade. Até porque ganharão muito mais com empregados motivados e bem tratados do que com homens famintos e exaustos, arremedos de escravos que este país não pode mais admitir.

Jonas abriu um largo sorriso.

— És mesmo um idealista! Quero só ver se convences aquele miserável conde Maurício dessas tuas ideias tão modernas.

— Talvez eu nem deva comparecer à reunião... — suspirou Gabriel.

Jonas espantou-se:

— Deves estar brincando! Embora não sejas funcionário da tecelagem, os operários te respeitam, te consideram um líder. Não podes nos faltar neste momento.

Gabriel não pôde deixar de confessar o que ocorrera:

— Há poucas horas, conheci pessoalmente o conde. Mas em circunstâncias bem constrangedoras, para dizer a verdade. Ele me viu de mãos dadas com dona Heloísa.

Jonas estourou numa franca gargalhada.

— Era só o que nos faltava! Agora estás de namorico justamente com a filha do patrão! Escolheste a dedo esse romance, meu amigo.

— Não existe nenhum namoro — corrigiu Gabriel. — As circunstâncias desta noite nos tornaram amigos. Nada mais que isso.

— É uma santa criatura — voltou Jonas. — Faz de tudo para ajudar a Rosário.

—Também é muito bonita — ajuntou Gabriel.

Jonas viu que o caso era mais sério do que um simples flerte.

— Cuidado, meu caro. Heloísa foi educada em um mundo diferente do nosso. Não foi feita para a pobreza em que vivemos, jamais se adaptaria. Além disso, ela tem um pretendente. E dizem que o homem é poderoso.

— Poderoso foi o que eu senti ao conhecê-la — confessou Gabriel.

Jonas encerrou o assunto com mais um de seus cativantes sorrisos. Mas, no fundo, estava apreensivo. Seu amigo tinha se apaixonado pela mulher errada.

7
Casa assombrada

Otaviano adentrou a vistosa sala de estar em estilo vitoriano e, jogando-se em uma poltrona, revisou suas prioridades. Não podia perder tempo. Era necessário garantir que Heloísa se tornaria sua para sempre. O caminho para isso parecia-lhe claro: devia fazer com que os pais da rapariga se tornassem não só seus aliados, mas completamente cativos de seus desejos, dependentes de sua riqueza e submissos a seu poder. Tendo os velhos Albuquerque de Sá na mão, decerto teria também Heloísa. Quanto ao novo rival, daria um jeito de fazê-lo desaparecer mais rápido do que surgira.

A porta que dava para a área de serviço se abriu e Tonha, velha cozinheira negra, surgiu carregando uma bandeja.

— Até que enfim o patrãozinho chega em casa. Esquentei-lhe uma sopa.

Otaviano recusou, com brutalidade:

— Deixa-me em paz! Não sinto fome!

A mucama se retraiu ao vê-lo tão agitado.

— Quer que ponha a mesa para que o senhor possa comer com conforto?

Otaviano bufou, impaciente.

— Não ouviste o que eu disse, mulher? Some da minha vista! Não estou disposto a suportar tuas falsidades. Bem sei que me odeias como todos os negros desta casa!

A velha criada ia se retirar, mas ainda arriscou uma última frase:

— Dona Valéria perguntou pelo senhor. Pediu-lhe que a visitasse em seus aposentos assim que chegasse.

Otaviano suspirou, enfastiado.

— Minha avó já deve estar dormindo a estas horas. Amanhã cuido de vê-la. Agora some! Desaparece!

A negra fez uma triste reverência e saiu. Custava a compreender como o rapaz podia ser tão insensível aos apelos da mulher que o criara, lúcida apesar da idade avançada, e, por conta dessa lucidez, ainda mais infeliz. Há muitos anos dona Valéria vivia trancafiada no quarto, sempre solitária, tratada como inválida.

Era assim a mansão dos Moura Ferraz: requintada, mas melancólica. Um local cheio de pompa e riqueza, mas carente de valores humanos imprescindíveis, sem os quais não passava de construção imponente e fria, distante do que pode ser chamado um verdadeiro lar.

☙❧

Tonha voltou à cozinha, onde Reginaldo já se servira do que restara da sopa de ervilhas.

— Ele está como disseste: amargurado até os ossos — observou a escrava.

— Parece que dona Heloísa não foi ao compromisso que tinham marcado.

— Agora entendo! — voltou a cozinheira. — Otaviano não se importa com ninguém neste mundo, mas com dona Heloísa é diferente. Por ela, é capaz de tudo.

Uma esperança iluminou-lhe então o coração:

— Quem sabe esse amor não o transforma num homem melhor?

Reginaldo gargalhou.

— Aquela peste? Aquilo só melhora de um jeito, Tonha: quando estiver morto!

Foi como se ele tivesse dito uma palavra mágica. Um vento gelado percorreu a cozinha, uma porta bateu ao longe, com estrondo. E os dois velhos amigos, companheiros de escravidão, passaram a ouvir um estranho ruído. Parecia um gemido brotando das paredes, do teto, das entranhas e alicerces do casarão. Um angustioso lamento que gelaria o sangue do mais valente dos homens.

Os olhos de Reginaldo se arregalaram de pavor. Tonha se aproximou do cocheiro, buscando instintivamente por proteção.

— Ouviu isso, Reginaldo?

— E não haveria de ouvir? — respondeu ele, transtornado.

— De onde vem esse barulho, meu Deus? É a terceira vez que ouço nos últimos tempos.

— Também já ouvi antes. Parece uma mulher chorando. Não gosto nem de pensar, Tonha, mas para mim isso é coisa do demônio. Tem alma penada neste lugar maldito.

— Dobra a língua! — ralhou ela. — Queres me matar de medo?

— Gente ruim atrai coisa ruim! — voltou Reginaldo, convicto. — O patrão está chamando espírito perverso para perto dele. Só pode ser isso!

E, como a confirmar tal teoria, novos ruídos se fizeram ouvir, vindos do pavimento superior. Pareciam passos acelerados, combinados a um pesado arrastar de móveis, balbúrdia que três ou quatro homens fortes encontrariam dificuldade em provocar. Tal estrondo durou apenas um instante, mas o efeito foi devastador. Os dois empregados ficaram ainda mais apavorados. Reginaldo agarrou a mão da amiga e só conseguiu murmurar:

— Não estou dizendo, Tonha? Isso só pode ser mal feito de assombração!

Lá nos fundos do terreno, os dois truculentos feitores de escravos que serviam Otaviano não se deram conta dos ruídos, pois dormiam profundamente em suas choupanas. Mas, no barracão dos negros, doze cativos também puderam ouvir a manifestação dos fenômenos. Não era de hoje que consideravam a imponente mansão dos Moura Ferraz um local assombrado. Assim como Reginaldo, atribuíam o sinistro fato à ferocidade de seu jovem patrão. Viam sua maldade como uma força viva que dominava a casa, o bosque ao redor, o vistoso pomar, o estábulo, cada canto da propriedade. Acreditavam, em sua humildade, que os maus sentimentos de Otaviano eram forças ativas, capazes de corromper as leis da natureza, deturpando-as. Conferiam a seu desalmado senhor a responsabilidade por ter transformado aquele local, outrora alegre e iluminado, num lugar terrível, onde as sombrias forças da escuridão encontravam espaço para agir e tecer seus malefícios.

E não deixavam de ter razão.

༄

Otaviano, desabado na poltrona, prostrado e triste, nada ouvira de anormal. Obsessivo, ele só pensava no ultraje que sofrera. Tinha ganas de descontar seu ressentimento no lombo de um dos escravos, descarregar sobre um inocente o peso da sua fúria. Cogitou ir ao quintal com o relho de pontas de ferro e escolher um deles, ao acaso, para fustigar no tronco. Mas não se sentia com forças nem mesmo para extravasar sua violência. Tornava-se uno com ela, como se fossem um mesmo ser. Mergulhava em seu rancor numa entrega sem retorno. E foi com esses sentimentos mórbidos a lhe povoarem a alma que entrou, sem perceber, numa espécie de transe.

Assim que a consciência se tornou pouco mais que pálido reflexo da personalidade que a comandava, novo fenômeno ocorreu. Da parede de pedras da lareira surgiu uma forma difusa, uma espécie de névoa ou vapor luminoso que, em pulsações, se expandia. Alheio à aproximação daquela indefinida nuvem de energia, plena de vida, Otaviano se perdeu no limbo entre o sono e a vigília.

O espectro esbranquiçado avançava, estendendo em sua direção etéreas ramificações que mais lembravam tentáculos. Logo lhe enlaçava todo o corpo, num mórbido abraço. Otaviano sentiu as mãos formigarem, uma estranha pressão no alto da cabeça, mas nada percebia da forma translúcida que a ele se ligava e que, a essa altura, assumia os contornos de um corpo de mulher, com o rosto oculto por espesso véu.

Envolvido no abraço daquele espírito de tão triste figura, Otaviano foi assaltado por pensamentos antigos, lembranças que teria escolhido não mais abordar. Viu-se diante de um lago escuro, rodeado por densa floresta. Em seus braços, um embrulho improvisado com pedaços de pano encardido, um fardo que lhe causava vergonha e asco, um segredo do qual precisava desesperadamente se livrar.

Em seu delírio, viu-se chorando. Sentiu novamente o coração partido em seu peito, as esperanças se esfacelando em migalhas, a fé desagregando-se em descrença, a vida perdendo o valor e mergulhando em sofrido vazio.

A incômoda lembrança magoou-lhe até o fundo da alma, enquanto o espectro, silencioso e sinistro, abraçava-o com vigor cada vez maior. Parecia que, de alguma forma, o ser fantasmagórico desejava arrastar o rapaz consigo, misturar-se a ele, torná-lo enfim um ser de sua mesma classe: uma alma perdida, composta de emanações nascidas da mais pungente revolta, do mais profundo desespero.

A abordagem mediúnica que aquele espírito sofredor realizava foi interrompida por um grito agudo que ecoou pela sala. Com o susto, Otaviano voltou do transe e o espectro, já incapaz de subjugá-lo, desapareceu como por encanto.

Paralisada no alto da escada, dona Valéria tremia, os lábios ainda abertos após o berro de terror. Seus velhos olhos a estavam traindo ou acabara de avistar um fantasma? Abalada pelo susto, a frágil senhora sentiu que o ar lhe faltava. Estendeu a mão em direção ao neto, num pedido de socorro, e desabou, inconsciente, sobre o assoalho do corredor.

8
Sociedade

Otaviano carregou a avó desacordada até o quarto e fez com que se deitasse. Ordenou então aos escravos que lhe servissem uma xícara de chá.

Assim que dona Valéria voltou a ficar lúcida, pôs-se a descrever sua assombrosa visão. Mas o neto não podia crer nas palavras impressionadas da velha senhora. Para ele, a capacidade de ver fantasmas era uma invenção de lunáticos, algo totalmente inaceitável para um homem lúcido e bem informado como ele. Dando de ombros, simplesmente riu das afirmações veementes da avó. Só podiam ser fruto da idade, um efeito pernicioso da saúde física que se deteriorara com o tempo.

Reginaldo e Tonha, porém, acreditaram em cada palavra. Eles tinham ouvido os ruídos misteriosos, as manifestações físicas causadas pelo espírito que dona Valéria afirmava ter visto. Estavam estarrecidos e, acima de tudo, preocupados. O que aquela alma penada poderia querer ali? O que buscava? Em nome de que abrira mão de sua paz nos planos superiores da existência para permanecer atada a um lugar tão triste, a um lar onde não habitava a harmonia nem a esperança?

Otaviano agarrou a mão da velha progenitora com impaciência. Queria que ela dormisse depressa para lhe dar sossego, para que pudesse voltar a remoer seus sentimentos feridos e seu rancor. Mas a avó estava ainda tomada de franca agitação.

— Era uma mulher, Otaviano! — balbuciava ela. — E usava um véu a esconder-lhe o rosto. Parecia tão profundamente angustiada e sozinha. Senti tanto medo na hora... Mas agora sinto pena.

— Tudo não passou de ilusão, vovó — insistiu o insensível neto. — A senhora sabe que não existem fantasmas ou coisas desse gênero. São lendas, histórias criadas por pessoas crédulas. Tais manifestações fogem às leis da física e aos ditames da razão. Não convém perdermos tempo com tais tolices.

— Mas eu a vi! — insistiu dona Valéria, com firmeza. — Em todos os seus detalhes. Vi o corpo bem definido e o brilho dos olhos reluzindo por trás do espesso véu. Mas, pior do que a visão, Otaviano, foi o sentimento que ela me transmitiu. Quem quer que seja, é um ser dominado por profunda mágoa, torturado pelo despeito e pela tristeza. Pude sentir seu desespero emanando de cada fração de seu ser. E o pior, neto amado, é que essa criatura sofrida ligava-se a ti por laços tão coesos... Eu podia ver os fios de luz que ela expelia, conectando-os ao teu corpo. Ela te abraçava, Otaviano! Como se quisesse arrastar-te com ela para o universo oculto onde habita.

Otaviano não pôde deixar de sentir um calafrio frente à imagem tão lúgubre, mas manteve-se firme e sorriu.

— Nada disso existe de fato, dona Valéria. Não passa de sonho, imaginação. A senhora teve uma vertigem e desmaiou, nada mais. Não digo sempre que deves permanecer em tua cama? Por que te aventuraste pelo corredor? A escada oferece grave risco a uma senhora da tua idade.

— Estou viva, Otaviano! — enfureceu-se ela. — Não suporto mais este quarto! Será que só poderei caminhar por aí, em liberdade, quando estiver igual à pobre mulher que vi? Será que preciso morrer para voltar a viver finalmente?

Otaviano não respondeu. A tristeza de sua avó não o comovia, simplesmente o incomodava. Desejava que ela nem existisse. Por que devia ser responsável por aquela velha inútil, que agora só servia para ficar doente e irritá-lo com seus delírios?

Uma lágrima escorreu pela face enrugada da matriarca dos Moura Ferraz.

— Talvez morrer não seja tão mau... — murmurou ela. — Quem sabe não é a libertação que tanto almejo? Pode ser que não represente o final da existência, mas um novo começo.

A velha senhora adormeceu enfim, embalada por tal esperança.

Otaviano suspirou, enfadado. Quisera viver sozinho para concentrar-se no que lhe importava de fato: ele mesmo.

Cerrando a porta do quarto, o rapaz ordenou com rispidez que os escravos se recolhessem. Dirigiu-se a seus aposentos e, apagando o lampião com um sopro, apagou também da memória o fenômeno que a avó jurava ter presenciado. Necessitava descansar. Afinal, teria muito a organizar e resolver no dia seguinte, coisas importantes e reais com que se preocupar. Não era hora de perder tempo com fantasmas.

O que Otaviano não sabia é que o espectro que antes o abordara continuava ali, sombrio e silencioso, postado a seu lado, velando-lhe atento o sono inconsequente.

A noite findou, com seus mistérios, e deu lugar a uma luminosa manhã de primavera.

Gabriel e Jonas estavam reunidos diante da tecelagem com alguns representantes dos operários. Conforme haviam combinado na noite pregressa, tinham a intenção de conseguir do patrão uma resposta positiva a suas tão prementes reivindicações.

O conde Albuquerque de Sá chegara cedo e, segundo informações dos capatazes, recolhera-se a seu escritório para uma outra reunião. Prometera receber os empregados em seguida.

Os trabalhadores tinham esperança de conquistar a vitória. Aquele homem poderoso havia de ter um coração suscetível de ser guiado por sua consciência. E consciência alguma poderia ignorar a exploração atroz que naquele lugar vigorava.

Para ajudar, a imagem pública do conde Maurício não era totalmente negativa. Ele era simpático e discreto. Talvez fosse bondoso, afinal. Havia de se compadecer da tragédia ocorrida com Tomé. E de tomar providências para que fatos tão graves não se repetissem jamais. Também confiavam que não quedaria indiferente à exaustão que se abatia sobre seus subordinados, não fecharia os olhos às muitas mães que se viam afastadas dos filhos por horas a fio, aos muitos pais de família destituídos da dignidade humana e da crença no futuro em troca de uma remuneração aviltante. O conde tinha que ceder aos seus apelos, em nome da justiça e da razão. Caso contrário, tinham um último recurso: a ameaça de greve. Paralisação total, máquinas desligadas, produção interrompida, dinheiro escoando pelo ralo. Era esse o quadro que o conde encararia, caso se mostrasse insensível às suas reclamações.

Os trabalhadores acreditavam que a força de sua união deixaria o conde sem outra opção senão assinar um termo de compromisso, no qual estariam descritas as regras que fariam dali um local de trabalho, e não de indigna exploração.

Quando os humildes representantes dos trabalhadores foram recebidos na luxuosa sala do presidente da empresa, uma surpresa desagradável os esperava. Depois que o conde Maurício ordenou que tomassem lugar em uma imponente mesa de reuniões, ele fez um anúncio inesperado. Suas palavras fizeram desabar, de cara, todos os sonhos de uma vitória fácil ou de uma justa negociação.

— Estou ciente do assunto que os traz aqui, senhores. Mas devo alertá-los de que não é mais a mim que devem se dirigir para negociar seus direitos e deveres dentro da empresa. Selei um acordo comercial com um investidor. Tenho, portanto, um novo sócio, que promete trazer muitas inovações. Eu o nomeei gerente geral, e é com ele que os senhores devem falar acerca de todas as questões concernentes ao trabalho.

Antes que o conde revelasse de quem falava, Otaviano surgiu da porta lateral do escritório. Ao vê-lo, Gabriel ficou boquiaberto. O homem com quem trocara imprecações na noite pregressa tinha se tornado o chefe dos trabalhadores que visava defender.

Otaviano tinha um sorriso irônico colado à sua face. Olhou para Gabriel como se estivesse admirando a paisagem além de uma janela. Simplesmente ignorou-o. Mas, por dentro, as engrenagens do ciúme e do ódio movimentavam-se a todo vapor.

"O impertinente que ousou tocar os dedos de minha noiva é também meu adversário aqui dentro. E é a partir daqui que o destruirei!", pensava, traiçoeiro.

— Meu nome é Otaviano de Moura Ferraz — começou, melífluo. — Como meu futuro sogro já deve ter-lhes explicado, sou o novo gerente desta tecelagem. Meu principal objetivo aqui dentro será trazer modernização e crescimento. Para começar, importaremos da Europa um novo maquinário capaz de triplicar em poucos meses a nossa produção.

Gabriel ousou tomar a palavra do novo patrão de seus protegidos:

— Todo tipo de modernização é bem-vindo, mas de nada servirá se não houver também um avanço no trato com os funcionários. Nenhuma máquina nova, por mais avançada que seja, pode substituir o valor de um homem. E os homens que aqui trabalham estão se sentindo pobres de respeito, desprezados justamente no maior valor que possuem: a sua dignidade.

Otaviano, contrariado, fechou a cara.

— A palavra não foi dada ao senhor. E, quando falar, peço que te expliques de forma mais direta. Não sou um de seus alunos.

— Serei mais claro, senhor. Como sabe, aconteceu um grave acidente nesta empresa.

Jonas adiantou-se, tomando a palavra:

— O menino Tomé foi ferido gravemente na cortadeira de estopa. Perdeu o dedo indicador da mão direita.

Otaviano suspirou, cansado.

— Já começo a me cansar dessa tragédia. Onde querem chegar, afinal?

— É preciso dar aos operários condições mais humanas de trabalho! — defendeu Gabriel, veemente. — Os trabalhadores exigem um limite para a jornada diária, parada para almoço e descanso, verba para a construção de uma creche e direitos especiais para as funcionárias com filhos recém-nascidos.

Otaviano, descaradamente, riu.

— Minha contraproposta é a seguinte: os que aceitarem trabalhar dentro das normas estipuladas pelo regulamento vigente continuarão empregados. Os que não concordarem com as regras serão demitidos. Podem procurar emprego em outro lugar.

Jonas inflamou-se:

— O senhor não tem o direito de rebater nossas reivindicações com uma ameaça de demissão em massa. Se é essa a postura da empresa, partiremos para a greve.

Otaviano foi irredutível:

— Há centenas de trabalhadores desempregados, famintos por um emprego como o de vocês. Façam a greve se quiserem e jamais voltem a pisar nesta tecelagem. Substituirei um por um. Homens adequados ao serviço não faltam. Já tenho separadas as fichas de cadastro de cada um dos senhores. Se quiserem, posso rasgá-las agora mesmo.

A comitiva de funcionários não tinha como brigar contra tal argumento, nenhum deles podia prescindir do emprego. Quedaram perplexos e decepcionados.

No canto da sala, o conde Maurício sorria, deliciado. Jamais teria coragem de agir assim, com tanta frieza. Regozijava-se por ter feito um excelente negócio. Otaviano investiria a fortuna dos Moura Ferraz na fábrica e saberia comandá-la com a mão de ferro que sempre lhe faltou. Para um homem de frágil personalidade como ele, seria confortável ter o futuro genro como escudo. Otaviano personificava a maldade e a frieza que ele próprio não conseguia expressar, mas que, em sua inércia, aprovava e alimentava.

Depois que a comitiva abandonou a sala, derrotada, o conde apertou com vigor a mão do jovem sócio. Em sua alegria por tê-lo como aliado, chegou a chamá-lo de filho. Antevia, com volúpia, o futuro de crescimento e sucesso que, juntos, construiriam.

Otaviano abraçou o velho, concordando, satisfeito. Mas, no íntimo, pouco se importava com a empresa. Só pensava em Heloísa. Por ela, metera-se naquele negócio sobre o qual pouco entendia. Por ela, aplicaria sua fortuna numa carreira que não lhe interessava ou agradava especialmente. Tudo por ela.

Certo de que o casamento com a amada estava indissoluvelmente ligado a seu golpe empresarial, só restava no peito de Otaviano uma preocupação: Gabriel Rodrigues. Como mantê-lo longe de Heloísa e da fábrica? Como evitar que interferisse em seus planos?

9
Um singelo olhar de amor

Finda a reunião, Gabriel e Jonas foram relatar a derrota que amargaram para os outros empregados da tecelagem. O desânimo e o inconformismo dominaram a todos. Um novo gerente que apresentava como principal argumento num debate a sua força de decidir demissões só tornava mais angustioso o pesadelo que aquela gente tão sofrida vinha enfrentando.

Jonas estava especialmente revoltado. Não podiam aceitar tal abuso sem uma resposta à altura. Insistia na ideia da greve e, para evitar as demissões, apostava numa estratégia de risco: os piquetes. Não permitiriam a entrada de quem quer que fosse ao galpão do maquinário. Operários contrários ao movimento ou novos contratados seriam mantidos à distância, através da força da multidão revoltosa e de cordões de isolamento.

Gabriel estava preocupado com os rumos da situação. Por natureza contrário a todo tipo de opressão, temia que o movimento degenerasse em arbitrariedade. Teriam o direito de impor seu ponto de vista aos operários que não os apoiavam? A última coisa que desejava era igualar-se, em comportamento, aos dominadores que os exploravam.

A força da maioria fez, porém, a sua parte, e a greve ficou decidida. A partir do dia seguinte, a tecelagem dos Albuquerque de Sá ficaria interditada. Vastas somas de dinheiro seriam perdidas, atreladas às horas inúteis de paralisação. Sentindo no bolso a revanche de seus subordinados, o novo gerente e o conde Maurício haveriam de ceder.

Gabriel advertiu os companheiros acerca dos perigos de ação tão radical e exortou a todos para um engajamento à greve sem a utilização da violência.

Tudo acertado, despediu-se dos companheiros de luta e partiu. Estava atrasado para ministrar uma de suas aulas. Um grupo de alunos carentes o aguardava na casa do menino Tomé, símbolo do movimento operário que se consolidava naquela luminosa manhã de setembro.

୨୦୧

Ao chegar à casa de Antonio, Gabriel encontrou seus alunos reunidos na saleta, prontos para a lição. Informaram-lhe que Tomé, convalescente, permanecia repousando no quarto. O avô adotivo velava-lhe o descanso e, secundando-lhe os amorosos cuidados, estava mais uma vez presente o doutor Euzébio Cardoso. O caridoso médico retornara para conferir o estado clínico do paciente.

Gabriel deixou os pequenos a resolverem algumas questões de matemática e foi até a parte reservada da casa saber das condições de seu aluno predileto. Encontrou o doutor Euzébio debruçado sobre o leito, atencioso e simpático como na noite anterior. Mas percebeu que o médico sustentava o sorriso mais para aliviar o peso da situação do que por real tranquilidade. Seus bondosos olhos castanhos transmitiam uma angústia que Gabriel não deixou escapar.

Ao retornarem à sala, interpelou o médico discretamente, sem que as crianças pudessem ouvi-los:

— Como está indo nosso acidentado, doutor?

— A ferida já não é o que mais preocupa. Está bem limpa e, com o tempo, cicatrizará. O que mais me aflige é o estado geral do garoto. Segundo me relatou o avô, tossiu a noite toda e, ainda agora, apresenta uma febre elevada. Estou certo de que não há infecção causada pelo corte, mas, ao auscultar-lhe o peito, notei que tem dificuldade em respirar. Temo que esteja padecendo de pneumonia. Devemos ficar atentos, pois ela é uma porta aberta para outras enfermidades, ainda mais no estado debilitado em que se encontra o seu corpo.

Gabriel apavorou-se ao ouvir as observações.

— Há risco de ser a tísica, doutor?

À época, a tuberculose, dita "a tísica" ou simplesmente "a doença dos peitos", matava milhares sem chance de remissão. Ainda estava distante a descoberta da salvadora penicilina e a doença perniciosa estendia sua sombra assustadora sobre a população brasileira, notadamente sobre os humildes.

O doutor pousou a mão sobre o ombro de Gabriel, na tentativa de acalmá-lo.

— Talvez não passe de uma gripe oportunista que assaltou Tomé, aproveitando-se de sua fraqueza. Mas devemos, sim, ficar atentos. Já receitei alguns medicamentos que devem ser ministrados diariamente.

— Cuidarei de comprá-los ainda hoje.

— Não será necessário. Tenho-os de sobra em meu consultório. Mandarei entregá-los até o fim da tarde — disse o médico, antes de se despedir.

Gabriel acompanhou sua caminhada pela rua de miseráveis casebres, até que seu vulto desapareceu ao dobrar uma esquina. Estava tocado pela sua atitude: além de não cobrar a consulta, iria doar os medicamentos. Certificou-se assim de ter conhecido um ser especial.

§

Gabriel terminou de ministrar sua aula aos agitados alunos que apinhavam a saleta. Naquela tarde, sentia-se especialmente envolvido, mais do que nunca motivado a realizar seu trabalho. Desejava, do fundo da alma, que aqueles garotos tivessem um futuro melhor. Todo o movimento que ora se formava por decisão dos trabalhadores da fábrica tinha como principal motor a construção de um porvir mais risonho para aqueles pequenos e indefesos seres. Afinal eram eles que contribuiriam com a força de seu caráter e trabalho para os dias vindouros, que lutariam por fazer deste país uma nação diversa da colônia submissa ou do império explorado que os desbravadores europeus usurpavam desde os 1500.

Gabriel assumia para si uma grande responsabilidade. Se pudesse alterar uma fração que fosse da realidade, se pudesse sanar uma ínfima parte da injustiça que grassava neste país, se aumentasse em um nada que fosse a esperança e as chances de sucesso daquele simplório grupo de crianças, estaria dando direção e sentido à sua vida.

Já era perto das quatro da tarde e, terminada a aula, Gabriel se dirigiu à praia de Botafogo com o coração aos saltos. Não sabia se Heloísa cumpriria o prometido, se conseguiria despistar os pais para encontrá-lo, como ficara acertado.

Quando alcançou a orla e divisou a imensidão do oceano, banhado pela luz dourada do sol, sentiu o peito inundar-se de ansiedade. Protegida por uma sombrinha e acompanhada da fiel ama Rosário, lá estava ela a esperá-lo, próxima às paineiras que enfeitavam a estrada de terra à margem da areia.

Gabriel aproximou-se gentil, pronto a murmurar o nome de sua amada. Era assim que se sentia acerca dela... amava-a. Conhecera Heloísa no dia anterior, ainda mal se conheciam, mas era incapaz de negar aquele sentimento que o surpreendia e assustava.

Como entender que pudessem estar ligados por tão forte emoção em tão pouco tempo?

Ocorre que sua ligação afetiva era recente apenas na aparência. Ela advinha de vidas pregressas, atravessando os séculos, e chegara enfim o momento de voltarem a se unir.

Heloísa virou-se, pressentindo-lhe a presença, e os olhares se encontraram. Num átimo, perderam-se um no outro, mergulhando na imensidão de seus segredos e vontades. A energia que se irradiava da proximidade daqueles jovens tinha a intensidade dos mais profundos segredos do universo. A Terra girava com estrepitante velocidade, os astros explodiam no firmamento, as estrelas lançavam ao infinito seus fulgores, nasciam, morriam, despencavam cadentes, iluminando a escuridão do cosmos. E ali, à beira-mar, tão sagrado e grandioso quanto estes fenômenos distantes, um singelo olhar de amor acontecia.

Os últimos raios do sol espalhavam-se docemente sobre as ondas encrespadas que quebravam na areia.

Rosário deixara os jovens apaixonados a sós, para que conversassem em paz. Passeava pela estrada, discreta, mas atenta ao horário. Se atrasassem para o jantar, sua querida Heloísa teria muito a explicar aos rigorosos pais.

Cientes de que tinham pouco tempo para aproveitar juntos, Heloísa e Gabriel cuidaram de deixar de lado a timidez e as reticências. As palavras não tinham o poder de descrever por completo o fogo que lhes queimava, o ardor de seus sentimentos e anseios. Pareciam-lhes pequenas para a grandiosidade do que se lhes afigurava à alma. Mas como era bom abrir o peito um para o outro e conversar! Tinham se encontrado, enfim! Sentiam que eram as pessoas certas no lugar certo: o complemento, a união de desejos, o tão raro ajuste perfeito, tanto no plano intelectual quanto no reino da emoção.

Um par assim afinado representa, no mundo dos homens, a grandiosa união entre o céu e a terra, o equilíbrio dinâmico entre as forças da natureza, a abençoada paz no olho do furacão. Eles eram a beleza dos sentidos apaziguados, da razão aquietada, alegremente submissos ao reinado da mais doce emoção. Independentemente do pouco tempo de convivência ou de qualquer explicação coerente, amavam-se e admiravam-se. Sentiam uma felicidade tão grande por estar próximos, que só a perspectiva da inevitável separação já os magoava. Concordavam em quase tudo e, naquilo que discordavam, viam a beleza de suas individualidades diversas se encontrando. Naquilo que diferiam, completavam-se. Naquilo que concordavam, uniam-se em mútua colaboração.

Alguns duvidam que um verdadeiro amor possa surgir num mundo de tantas dúvidas e contrariedades. Mas aqueles jovens não estavam recebendo esta graça sublime num passe de mágica. Sua ligação, que vinha sendo construída e lapidada há séculos, já atravessara crises, mágoas, separações. Mas, agora, por bênção de Deus, novamente resplandecia. Tinham se reencontrado e fariam tudo o que pudessem para nunca mais se separar.

Um beijo selou aquele turbilhão de sentimentos. Um beijo que durou apenas alguns instantes, mas que se derramou como um bálsamo sobre a dor de muitas vidas em desencontro.

Por que tantas existências de solidão antes que aqueles lábios sedentos se reencontrassem? Por que naquele momento e não antes ou depois? E, por que, ainda, tantos empecilhos a entravar-lhes o caminho da afeição?

Muitas outras perguntas vinham se somar a estas. Embora dominados pela felicidade, Gabriel e Heloísa ainda tinham agudas preocupações a lhes ocuparem a alma. Como se livrariam da pressão constante e insidiosa de Otaviano de Moura Ferraz? A fúria do poder humano, do dinheiro e da imposição social conseguiria se contrapor à força do sagrado amor? Seria poderosa o suficiente para dissipar a força daquele reencontro e reconduzir a paz recém-conquistada ao caos?

10
O capa preta

Gabriel chegou em casa pisando nas nuvens. Era jovem, cheio de vida, e pela primeira vez sentia brotar-lhe no peito a emoção inebriante de uma paixão sincera.

Ele correu a ir saudar o pai, o velho Rodrigues, que se achava no pequeno quintal nos fundos do sobrado, a cuidar de suas adoradas plantas.

O antigo oficial da Cavalaria Real exibia um vistoso bigode, com pontas recurvadas, e longos cabelos brancos que lhe suavizavam a face de respeitabilidade e segurança. O peso dos anos havia lhe trazido algumas dificuldades: já não ouvia tão bem como antigamente e a memória gostava de pregar-lhe algumas peças. Mas Rodrigues tinha uma preciosa qualidade a amenizar os achaques da idade: um senso de humor bastante desenvolvido. O otimismo inquebrantável não permitira nunca que se tornasse um velho lamuriento. Pelo contrário, mantinha-se ativo o quanto podia. Passeava diariamente pelas alamedas do Jardim Botânico em companhia de velhos companheiros do exército e, sempre que possível, reunia seus confrades em casa para conversar e trocar reminiscências. Era um ancião com alma de garoto.

Quando Gabriel chegou ao pátio, o amoroso pai notou de imediato a expressão de satisfação, quase de júbilo, que o filho trazia. Abraçou-o certo de que algo de especial ocorrera naquela tarde.

— Conta-me logo a boa notícia! Quero compartilhar desse sorriso.

— O senhor não deixa escapar coisa alguma, não é mesmo? É tão óbvia assim a minha alegria?

— Conheço de longe uma expressão vitoriosa. O que te aconteceu, afinal? Teus alunos conseguiram mais tempo para as aulas?

— Não, senhor. Continuam amarrados ao trabalho incessante na fábrica, como sempre.

— Mas então... — e os pálidos olhos azuis do distinto oficial aposentado brilharam de prazer — trata-se de um romance! Não me escondas nada, eu te peço. Sei que essa tua timidez esconde um don Juan insaciável. Conta-me tudo!

Gabriel riu, divertido.

— Como conseguiste adivinhar?

— Achas que fui o melhor dos rastreadores da Cavalaria fluminense a troco de nada? Sei observar pequenas pistas, meu filho. E essa expressão que trazes no rosto é mais eloquente do que pegadas profundas impressas na lama. Cada traço de teu rosto murmura uma palavra mágica... "mulher"!

Gabriel riu da excitação do pai que, antes de tudo, era seu confidente e grande amigo.

— Acabo de conhecer a moça. E, ainda assim, parece-me ter encontrado a dona deste coração solitário. Nunca deparei antes com donzela tão cativante. E nem tão linda.

— E quem é a felizarda? Vais me apresentar em breve, espero. Posso preparar um belo jantar para os pombinhos. Podemos abrir uma garrafa de vinho e...

— Trata-se de dona Heloísa Albuquerque de Sá — cortou Gabriel, depressa.

Rodrigues quase engasgou ao ouvir a revelação.

—A filha do conde Maurício?

—A própria!

Os olhos do velho pai se esbugalharam de espanto:

—Enlouqueceste, filho?

—Creio que sim. No momento em que a vi.

— Nem sei o que te digo... — voltou Rodrigues, ressabiado.

— Tua mãe ficaria preocupada, por certo.

— Com o quê? Acha o senhor que não sou digno de uma mulher de família tão rica?

— Não digas bobagens. Digno tu és. O que me preocupa é a opinião dos pais dela a esse respeito.

— Prefiro não pensar nisso, por enquanto. A felicidade de tê-la conhecido é tudo o que quero abordar por enquanto.

— Pois aproveita cada momento. Estarei ao teu lado, como sempre. Mas ouve-me bem... — e o tom de voz de Rodrigues tornou-se sério — estejas preparado para enfrentar contrariedades. Duvido que te permitam um envolvimento com a moça sem nenhuma tentativa de afastá-los. O conde Maurício é um homem de muitas posses. E não somos exatamente uma família abastada. Sem falar de teu envolvimento direto com o movimento operário.

— Sei que não sou o genro que os pais dela pediram a Deus. Mas, se este relacionamento progredir como espero, haverão de me aceitar, por bem ou por mal.

— Espero que seja então por bem.

Pai e filho dirigiram-se à cozinha, decididos a jantar. No caminho, Gabriel tocou, cauteloso, num assunto difícil:

— Quando o senhor se casou com mamãe, a pressão da família dela foi muito intensa? Tentaram atrapalhar sua união?

— Mais do que possas imaginar, Gabriel. O pai de tua falecida mãe era dono de uma concorrida loja de modas. Não era exatamente rico, mas queria para sua filha um casamento que lhe trouxesse ascensão social e conforto. Quando fui conhecê-lo — eu, na época, era soldado raso, sem ter onde cair morto, com uma mão na frente e outra atrás —, seu impulso foi impedi-la de me ver, afastar-me da família a todo custo. Imagine só o que será feito pelo conde para impedir que teu namoro com Heloísa siga adiante. Estamos falando de uma família de nobres, lembra-te disso. Ela é filha de um conde e tu és um humilde professor.

— Os impedimentos não terminam por aí — confessou Gabriel, enquanto colocava os pratos na mesa.

— Pode haver dificuldade maior?

— Heloísa já tem um pretendente a barrar-lhe o caminho: Otaviano de Moura Ferraz.

— O Capa Preta! — exclamou Rodrigues, aterrado.

— Capa Preta? Do que o senhor está falando? Conhece-o, por ventura?

— Sim, sei bem de quem se trata. E, estejas certo: não é flor que se cheire. É preciso que te abstenhas de entrar em conflito direto com ele.

— Creio que não conseguirei evitá-lo, meu pai. O conflito já está declarado. Diga-me, a que se deve esse apelido?

— A capa era um disfarce que ele usava. Há alguns anos atrás, Otaviano frequentava este bairro. Poucos sabem disso porque ele vinha sempre incógnito, dentro de uma carruagem de cortinas cerradas. Quando descia e seguia seu percurso a pé — sabe-se lá para onde —, fazia-o encapuzado, oculto por uma capa preta. Um dia, por um descuido, deixou-se ver pelo moleque que trabalha lá na venda. Foi identificado e, desde aquele dia, passamos a chamá-lo o "Capa Preta".

— Estranho... — murmurou Gabriel. — O que teria ele a esconder?

— Prefiro nem imaginar. Ele é um homem poderoso, tem fama de cruel, tanto com os escravos quanto com os inimigos. Não quero te contrariar, mas acho que arrumaste um rival bastante indesejável. Tenho-lhe medo, se queres saber a verdade.

— Pois eu não! — enfrentou Gabriel. — Otaviano não me assusta com seu poder, seu dinheiro e seus segredos.

— Deus permita que seja apenas uma cisma de velho. Mas, em teu lugar, meu filho, eu ficaria atento. Tanto o conde quanto Otaviano podem tentar te prejudicar. Esse tipo de gente age sempre à traição.

Gabriel sorriu, tentando demonstrar tranquilidade. Mas também estava incomodado. Inimigos poderosos estavam se introduzindo em seu caminho. Não se livraria deles com inércia e nem com bravatas. Havia de estar pronto para enfrentá-los, como lhe alertava seu pai. Mas pronto para lutar contra o que, exatamente? Até onde poderia ir a fúria de seus desafetos?

11
Guerra declarada

As semanas correram céleres sobre a velha capital do Império, intensificando as emoções dos agentes deste drama.

A greve seguia seu curso em detrimento dos desejos de Otaviano e do conde Maurício. Heloísa e Gabriel encontravam-se às escondidas sempre que podiam: na beira da praia, na saída da missa, na praça da Matriz. Sua paixão, a cada dia, tornava-se mais intensa. Era difícil compreender como podiam ter vivido até ali, sem contar com a presença um do outro.

Numa noite quente do final de setembro, o conde Maurício abriu, com estardalhaço, uma garrafa da melhor champanhe francesa. Seu novo sócio, Otaviano, lá estava como convidado ilustre para um banquete.

Dona Maria Angélica comandava as cozinheiras com ansiedade. Mandara preparar um suculento leitão com ameixas, acompanhado da mais deliciosa farofa de miúdos e de um perfumado arroz de açafrão. Tudo para comemorar os sucessos daquele dia.

Ambiciosa e cheia de planos, Maria Angélica sentia-se especialmente animada. Seu marido era um homem bem-sucedido, riquíssimo, mas a matrona era insaciável. Não lhe bastavam riquezas e conforto. Queria possuir sempre mais, ainda que jamais pudesse gastar tanto. O que lhe importava eram as aparências, a fama. Não podia correr o risco de perder o posto que conquistara entre as figuras mais abastadas da corte. Ela era presa de um hábito comum entre os ricos: o vício pelo dinheiro. Embora rodeada de conforto, sofria de um descontentamento constante com sua situação atual, nutria a vontade se arrebanhar sempre um quinhão a mais. Assim como outros de sua classe, ela confundia o que era — o seu próprio ser — com aquilo que possuía. Não conseguia compreender que os homens são feitos, nesta vida, daquilo que sabem e sentem, não daquilo que possuem em termos materiais.

Como considerava o marido pouco afeito às batalhas que o tornariam um magnata ainda mais poderoso, digno do requinte suntuoso que ela tanto amava, a velha dama estava certa de que o conde tinha se unido ao parceiro ideal. Otaviano era o filho que jamais tivera, mas com quem tanto sonhara. Ele reunia coragem, vontade férrea de vencer, era implacável em seus pontos de vista e incansável ao perseguir seus objetivos. "Um príncipe", aos olhos da matrona.

Se, antes, ela já via o jovem Moura Ferraz como o partido ideal para levar sua filha única ao altar, agora era questão de honra conseguir que o matrimônio se efetivasse. O vaidoso proprietário do solar dos Moura Ferraz, dono de respeitável capital, advindo da herança deixada pelo pai, aventurava-se agora como empresário. Sem dúvida, faria da tecelagem dos Albuquerque de Sá um modelo de sucesso. O dinheiro, consequência natural dos bons investimentos e do tino comercial de seu futuro genro, continuaria abençoando a família, traria ao casamento de Heloísa as benesses do conforto, do luxo e do prazer. Sua filha, e ela por tabela, continuariam sempre requisitadas para os maiores bailes e acontecimentos sociais, estariam presentes aos encontros íntimos promovidos pela família imperial, galgariam os degraus que faltavam entre a nobreza que já possuíam no nome e a verdadeira realeza.

O ouro e o prestígio brilhavam nos olhos de Maria Angélica. E nem por um segundo passava-lhe pela cabeça o questionamento principal: será que Heloísa acataria as intenções do pretendente? Será que aceitaria, enfim, sua corte e se submeteria ao altar? Nada disso incomodava a velha dama. Os benefícios do consórcio eram-lhe tão evidentes que nem cogitava considerar os sentimentos da maior interessada na questão. Heloísa era sua filha e tal fato a tornava, segundo seu ponto de vista, quase uma propriedade, de que poderia dispor como lhe aprouvesse. Sim, ela se casaria! Sem amor, infeliz, revoltada... Mas em nome do futuro e da segurança de toda a família, calaria suas dúvidas e se submeteria à decisão do destino e ao comando dos pais. Para Maria Angélica Albuquerque de Sá, a sina de Heloísa estava traçada e ninguém neste mundo teria o desplante de alterá-la.

※

Na sala de jantar, o conde confidenciava seus receios ao seu protegido, com semblante carregado:

— A greve prossegue implacável, Otaviano. Os piquetes continuam prejudicando a entrada na fábrica dos que querem trabalhar. Já apelamos para a intervenção da polícia, já respondemos à afronta com demissões, mas nada parece aplacar a cólera dos revoltosos. Nossos rendimentos caíram pela metade nos últimos tempos e temo que a crise se torne cada vez mais amarga. Nossos credores não se sensibilizarão com a situação a ponto de perdoar nossas dívidas.

Otaviano tranquilizou o conde com um excesso vibrante de confiança. Para ele, a situação era temporária e de fácil resolução. Demitiriam quantos operários fosse necessário e contratariam outros para garantir a produção. Aquela "gentalha ignorante" não seria capaz de conturbar-lhes os projetos e frear seu crescimento. Estavam fadados ao sucesso.

O conde se sentiu mais confiante, influenciado pelo comportamento impetuoso de Otaviano. Acabaram por tilintar suas taças borbulhantes, num animado brinde.

— Serás um novo Visconde de Mauá! — felicitava o conde, exagerado. — Um empresário como este Brasil jamais viu igual!

— Com seu estímulo e apoio, meu caro conde, não duvido que tal aconteça — respondeu o jovem, com gentileza, interessado em agradar o futuro sogro.

No fundo, Otaviano não acreditava precisar dele para seu crescimento e triunfo. Só o suportava por puro interesse. Após o casamento com Heloísa, que era o que de fato lhe importava, livrar-se-ia do velho de ideias ultrapassadas e temperamento fraco. Considerava-o apenas um degrau a ser pisado para propiciar-lhe a subida. Em seguida, depois que tornasse a empresa verdadeiramente rentável, poderia descartá-lo totalmente. Por enquanto, devia ser paciente, suportar com gentileza a companhia enfadonha do "sócio". Tudo faria por amor.

Era esta a justificativa que o desprezível Otaviano de Moura Ferraz dava a si mesmo. Acreditava-se movido pelo mais sublime e delicado dos sentimentos, abençoado pelo poder maior do universo, pela dádiva primeira do Criador dos mundos. Que vergonhosa fantasia... O que ele sentia de fato era desejo, necessidade de posse, cobiça, ambição, apego ao poder e à satisfação mais baixa dos instintos humanos. Fechado em si mesmo, egoísta e cruel, ele ainda estava longe de aprender o sentido do verdadeiro e santo amor. Em seu atual estágio evolutivo, ainda não o alcançava nem compreendia. Alguém que impõe seus desejos pela força de atos ou pensamentos, pelo peso de sua influência social ou pelo dinheiro... este não ama, jamais amou. Mente apenas que sente algo tão puro, mas o real sentimento foge totalmente ao alcance de seus apetites baixos e atrozes. É como um reles cão que uiva para a lua. Julga que a possui simplesmente porque a vislumbra. Mas quão distante está do satélite brilhante que, embora admire, nem de longe pode alcançar!

Sentados à mesa repleta de pratos exuberantes, cristais e pratarias do mais alto luxo, retrato pomposo da sociedade endinheirada, o casal Albuquerque de Sá e seu convidado Otaviano teciam gentilezas, prodigalizavam sorrisos de união e esperança. Tudo na superfície, porém. As palavras e expressões felizes procuravam esconder seus verdadeiros anseios, as ambições torpes e secretas que lhes enxameavam a alma.

Otaviano só queria impressionar Heloísa ao propalar seu próprio tino comercial, seu talento para prever os movimentos do futuro, sua capacidade para se tornar um bom provedor, seu aspecto de homem perfeito e de sucesso. O conde e a condessa adoçavam-lhe a vaidade, não por real respeito ou afeto, mas por puro interesse, subserviência aos benefícios que o empolado Moura Ferraz proporcionaria à sua filha e, em grande parte, também a eles. Tinham os olhos postos na velhice tranquila que lhes adviria com aqueles vantajosos contratos: primeiro, o empresarial; em breve, o nupcial.

Ah, quanta alegria se representa e pretende, quantos risos e elogios jogados ao vento sem nenhuma veracidade de intenção. Como é repugnante nas altas rodas tal comportamento frívolo e interesseiro. Ele beira o ridículo e faz de tais reuniões de fausto e requinte quadros deploráveis, que constrangem o coração dos simples e ofendem aqueles que se guiam por sinceras motivações.

Heloísa via-se afogando naquele mar de falsidades. Queria respirar, fugir dali, trancar-se em seu quarto para esquecer aquelas demonstrações de etiqueta que só faziam ocultar por trás de uma casca dourada — tão fina quanto a película que protege uma gota de orvalho —, a ferocidade de impulsos animalescos e paixões repulsivas. Brilho fugaz e enganoso que escondia a verdadeira lama da insensibilidade, a imposição arbitrária das vontades particulares, os motivos egoístas e desejos inconfessáveis que encheriam de vergonha um homem de bem.

Pobre Heloísa, forçada pelas convenções a tratar com delicadeza aquele pretendente sem qualidades outras que seu dinheiro e sua cruel determinação. A donzela só tinha como consolo a doce e oculta lembrança dos beijos de amor que selavam seu compromisso de ventura e alegria ao lado de Gabriel. Ele, sim, a merecia de fato: pelo que era, pelo que ainda seria, por seu espírito de candura e generosidade.

Otaviano estava exultante. Ria, com desenvoltura, tecia seus chistes e anunciava a todo fôlego suas vitórias, as já conquistadas e as que estavam por vir. A ceia terminou com mais um brinde, onde ele reafirmava seu contentamento em desposar Heloísa e entrar, em definitivo, para aquela encantadora família. E foi então que a moça não suportou mais sustentar a farsa. Num rompante de coragem, levantou-se e, em alto e bom som, desfiou tudo o que pensava:

— Jamais me casarei com o senhor! Ainda que me amarrem a um tronco e me fustiguem a relho, como só a um escravo fariam, jamais poderão tornar cativa minha alma, que dirá meu coração! Tenho o direito de decidir o que será de minha vida no futuro e juro que nunca incluirei no panorama de minha existência a presença de um homem que não amo. Sinto se os decepciono. Sei que me condenarão para sempre. Mas jamais concordarei em ser uma Moura Ferraz!

O espanto se imiscuiu nos semblantes. O peso do silêncio que se abateu sobre a mesa só fazia ressaltá-lo. Aquela pausa opressiva era o prenúncio de uma grande batalha, de uma crise sem precedentes, da eclosão de uma guerra que tornaria a vida de todos os participantes desta trama um verdadeiro inferno.

Ao deixar a mansão dos Albuquerque de Sá, Otaviano estava transtornado, engasgado de ódio e vergonha. As palavras de repúdio atingiram em cheio a principal característica de sua personalidade: o avantajado orgulho.

Sem dirigir palavra ao cocheiro Reginaldo que o aguardava próximo ao portão da propriedade, o rejeitado pretendente dirigiu-se a pé até a taberna mais próxima. Caía agora uma garoa fina, mas ele não se incomodou com o frio que lhe invadiu as vestes. Estava insensível, anestesiado, com o pensamento fixo na repugnante intenção de se vingar. Seu espírito, repleto de mágoa, ansiava por reparação. E a certeza de que Gabriel Rodrigues fora o causador de sua desdita imprimiu-se-lhe na mente como ferro em brasa a marcar o couro de uma besta. Bem que andava desconfiado de que a ligação de sua prometida com o impertinente professor prosseguia. A atitude intempestiva que Heloísa tivera aquela noite só fazia corroborar a hipótese.

Destruiria os dois: a amada e o traidor que lhe pervertera o juízo, desviando-a do caminho reto. Ou melhor ainda: afastaria o importuno rival para, então, dominar a alma de Heloísa à força e tê-la como cativa, sem outra saída senão aceitá-lo como marido. Embora sob o título de esposa, torná-la-ia presa submissa de seus caprichos. Que castigo melhor haveria para punir ao opositor e a ela? Que melhor compensação para o mal que lhe impingiam à vaidade desmedida?

A taberna que escolhera para afogar as mágoas, ambiente ruidoso e permissivo, era frequentada por pessoas dos mais baixos estratos sociais: marinheiros de passagem pelo Rio de Janeiro, aguardando novas excursões pelo oceano; capitães do mato, à espera de recompensas por escravos fujões; meretrizes à cata de fregueses generosos; ébrios e seresteiros, amigos da noite e da algazarra. O ambiente insalubre fervia de agitação, embalado pelo calor enganoso do vinho.

Sentando-se ao balcão, Otaviano sorveu em instantes a primeira caneca, cheia até a boca do perigoso remédio do esquecimento.

O álcool replica a alegria para envolvê-la em sua teia. E depois a devora, revelando sua verdadeira face: a da melancolia. Embriagando-se, Otaviano pensava se livrar dos dissabores, devolver a seu peito a segurança perdida. Mas, na verdade, tudo o que fazia era mergulhar mais e mais fundo nos maus sentimentos que nutria.

À volta dele, tão inconsequentes e perdidos quanto os clientes, estavam presentes diversos espíritos desencarnados, também amigos da bebida. Aproveitando-se dos eflúvios etílicos que os beberrões exalavam, esses pobres seres etéreos, ainda agarrados aos vícios próprios da materialidade, deliciavam-se no estupor relaxante da embriaguez.

Logo atrás de Otaviano, postava-se sua companhia espiritual mais frequente: a misteriosa mulher, com o rosto oculto por indevassável véu. Embora penalizada por ver seu amado em sofrimento, aquele espírito regozijava-se por sabê-lo repudiado de forma tão definitiva por Heloísa.

"Você é e sempre será só meu", pensava a sombra sinistra.

Quanto mais Otaviano bebia, mais profunda se tornava a ligação, mais perfeita a sintonia vibratória que conectava seu espírito ao da presença obsessora. Em pouco tempo, ele se encontrou mais uma vez envolvido nas recordações incômodas que, vez por outra, o assaltavam. Viu-se andando por ruas escuras, uma longa capa preta a ocultar-lhe a identidade, o coração aos saltos na expectativa de um encontro secreto, as mãos úmidas de suor nervoso, a mente convulsionada por anseios e culpas. Quando chegou à frente de um casebre caiado, de desbotadas janelas verdes, não ousou prosseguir na reminiscência. Tinha profundas marcas do passado a esconder... não só dos outros, mas, principalmente, de si mesmo.

Um murro no balcão afastou as memórias incômodas. Gritou ao atendente por mais uma caneca de vinho tinto e forçou-se a voltar a pensar no que julgava essencial: como haveria de destruir Gabriel Rodrigues!

12
Dois coelhos num só golpe

Quando nos vemos obrigados a encarar problemas e contrariedades, o tempo costuma ser um grande consolador. Ele apazigua as culpas, incita ao perdão, dá consciência e renova as esperanças perdidas. É conselheiro fiel, indicando a hora certa para empreender novos passos, com segurança.

A pressa, ansiosa e inconsequente, apenas confunde as peças do grande jogo da vida. Aquele que crê, tem fé sincera, abraça-se à confiança inabalável que anima e, na paciência, arquiteta as melhores ações para tecer um amanhã melhor.

É na tranquilidade da espera que um homem precavido e sereno constrói seu porvir.

Há casos, porém, em que o tempo só faz agravar desarranjos e acentuar contrariedades. Longe de ser o bálsamo que alivia e consola, ele funciona como evidenciador de conflitos não resolvidos, avivando feridas mal cicatrizadas e embaralhando as cartas do destino.

Existe lógica nesta aparente contradição. O tempo obedece a uma das leis universais da Criação: ele se processa em ciclos.

Cada fase deve se completar integralmente, cumprir sua função dentro do panorama geral de desenvolvimento de uma dada situação. Por vezes, sentimos que não há saída para nossos problemas. Mas, de um ponto de vista maior, isento e distanciado, aquele momento de sofrimento e desordem pode ser compreendido como um degrau, um patamar dentro da harmonia geral, da ordem mais vasta que é imperceptível para o ser localizado no estágio que lhe parece limitado e confuso.

É como uma espiral. Cada volteio de sua corrente parece horizontal e estanque. Mas não é assim. As etapas são progressivas e, apesar da aparente imobilidade, seguem uma tendência inescapável em direção ao alto.

A lei da evolução é absoluta. Encaramos o mal, as crises, as dúvidas e fracassos como quedas em nossa jornada existencial. Por vezes, acreditamos ter regredido, presos a acontecimentos desagradáveis, tropeços alheios ou pessoais que nos constrangem e, aparentemente, atrasam. Mas, embora assustem, tais contrariedades não são retrocessos. Estamos aprendendo e crescendo incessantemente e o regresso não passa de uma ilusão que fere e constrange, mas que incita a lutar e seguir. Só há um caminho: o do aperfeiçoamento moral.

A repetição de faltas, a multiplicação de erros e culpas é, de fato, uma prisão. Mesmo não caindo jamais para estágios mais atrasados, o espírito sofre ao se ver estagnado, girando à toa num determinado ponto de seu desenvolvimento. O segredo é que nós mesmos somos os detentores da chave que destrava a cela dos dissabores que nos constrangem. Libertamo-nos quando aprendemos a encará-la como aprendizado, lição, impulso para que o espírito saia do lodo da indecisão, do momento estanque, do giro em falso, e retorne enfim ao fluxo de aperfeiçoamento, de subida em direção ao objetivo maior da existência, que é o Bem.

Presos a seus preconceitos e rígidas regras de conduta, feridos em seu amor próprio, ofendidos por não ter da vida as satisfações exigidas à força, Otaviano e os velhos Albuquerque de Sá eram exemplo claro daqueles que estancam na jornada e derrapam sem sair do lugar, daqueles que abrem mão de seu progresso para dar voltas e mais voltas sobre as mesmas mágoas e dissabores.

Eles amargaram dolorosamente a derrota de suas intenções frente à teimosia de Heloísa. Apesar das duras admoestações, protestos e chantagens emocionais, ela não cedeu às imposições que a constrangiam. Passou a viver presa em casa, submetida a castigos intermináveis, suportando os sermões e lágrimas da mãe que, inconformada, pretendia obrigá-la a reconsiderar sua recusa quanto ao casamento com Otaviano. Nada, porém, fez efeito. Heloísa estava irredutível.

Gabriel, por sua vez, sofria a agonia de quase não poder mais ver sua amada, tamanha a vigilância que os pais exerciam sobre ela. A única saída agora era comunicar-se por recados e cartas, levados à namorada secretamente pela fiel Rosário. Ele aproveitava também os momentos em que Heloísa comparecia à missa matutina. Ninguém podia impedi-lo de ir à igreja e, assim, ele tinha a chance de avistá-la de longe, embora não pudessem conversar.

Uma noite, inconformado com a separação imposta, aventurou-se perigosamente. Escalando a parede da propriedade, chegou à janela de Heloísa e foi recebido em seu quarto. Os dois se abraçaram às lágrimas e reafirmaram seus votos de amor e fidelidade. Juraram fazer tudo que lhes fosse possível para escapar ao jugo de decisões arbitrárias que tentavam lhes impingir.

Foi entre beijos e abraços apaixonados que lhes nasceu a ideia da fuga. Se não podiam permitir sua união, então fugiriam para São Paulo. Iniciariam uma vida nova, longe dos Albuquerque de Sá e do prepotente Otaviano.

Fosse como fosse, viveriam seu grande amor!

༺༻

Na fábrica, Otaviano encontrou um terreno fértil para se tornar ainda mais contrariado. A greve ia alcançando seus objetivos. Poucos se aventuravam a enfrentar a força dos piquetes e novos contratados logo desistiam do emprego. As máquinas importadas, trazidas de Londres nos porões de grandes navios, custaram uma fortuna e, sem produção e lucratividade, começaram a trazer aos proprietários da indústria tudo o que eles não queriam: perdas e dívidas.

Pressionado pelo conde, Otaviano espumava de ódio:

— Não tenho como prever até onde seguirá esta crise, senhor conde. Como pensar em lucratividade se os trabalhadores da tecelagem não trabalham? Os clientes me pressionam cobrando os produtos que adquiriram e que jamais foram entregues. Os produtores exigem que voltemos a comprar o algodão que começa a ficar encalhado nos depósitos. Os ingleses querem as parcelas do novo maquinário em dia. E meu dinheiro não foi feito para ser rasgado à toa! É preciso que arquemos juntos com o prejuízo até que voltemos a entrar numa fase de crescimento.

O conde coçou seus bigodes amarelados, com desânimo.

— Sabes o quanto te quero bem, Otaviano. Mas devo lembrar-te de que este projeto de modernização sempre foi exclusivamente teu. Ao entrar como sócio em meu negócio, tu quiseste fazer esses altos investimentos e deixei bem claro que não te acompanharia. Tudo o que me prometeste, então, foi uma enxurrada de lucros. Agora o que encontro são problemas e dívidas a se amontoarem diante de meu nariz.

— A culpa não é minha! — berrou Otaviano, ofendido. — Se o senhor não vai me ajudar a resolver a crise, então peço que, ao menos, não atrapalhe. Tenho muito a resolver e suas lamúrias não ajudam a tornar meu pensamento mais claro.

O conde não gostou do tom que o jovem lhe dirigia, mas preferiu evitar o conflito declarado. Calou-se e, de cenho franzido, deixou a sala.

O clima entre os dois sócios não andava dos melhores. É fácil ser cordial e companheiro na hora do sucesso. Mas, diante de problemas, o verdadeiro caráter dos participantes na situação vem sempre à tona.

Otaviano andava irascível como nunca, misturando os problemas da vida pessoal com os entraves profissionais que o desafiavam. E o conde, que tanto o admirava, já começava a ver que o rapaz não era a flor de gentileza que ele esperava.

Ao deixar a fábrica naquela tarde, dentro de sua carruagem negra, Otaviano remoía os rancores que se lhe aninhavam no peito. Tinha inimigos a atingir e não descansaria enquanto não pudesse se vingar. Além de Gabriel, que destruíra seu sonho nupcial, visava prejudicar também a Jonas, o "mulato atrevido", como costumava falar, o líder da revolta e da paralisação dos funcionários que, com seu poder de mando e teimosia, conseguira transformar em pesadelo os seus sonhos de poder e glória.

Otaviano vinha perdendo dinheiro e prestígio. Há meses era motivo de chacota nas altas rodas do Rio de Janeiro. Todos comentavam que o poderoso Moura Ferraz estava sendo humilhado por um bando de operários pobretões, liderados por um negro esperto e corajoso.

Se pudesse se vingar dos dois ao mesmo tempo... como seria perfeito! Destruiria Gabriel e Jonas de um só golpe.

Uma ideia atravessou-lhe a mente como um raio. Gritou a Reginaldo que mudasse o caminho e se dirigisse para a mansão Albuquerque de Sá. O criado obedeceu, estranhando a ordem. Sabia que Heloísa vinha se negando a receber visitas do patrão.

Acontece que não era com ela que Otaviano intentava se encontrar.

13
Negociação

Dona Maria Angélica levou Otaviano até a biblioteca, para que conversassem em paz. A princípio achou que o rapaz estava decidido a insistir numa entrevista particular com Heloísa.

— Sinto muito, mas minha filha continua se negando a recebê-lo. De nada adiantaram minhas reprimendas e conselhos.

— Bem o sei, condessa. Mas não foi para encontrá-la que vim aqui. O motivo de minha visita é diverso: venho lhe propor um acordo comercial. Um bom negócio!

A matrona estranhou:

— Diz respeito à tecelagem? Se for assim, melhor esperarmos meu esposo. Deve estar para chegar.

— Não é nada que diga respeito à empresa, senhora. Quero, na verdade, adquirir um bem de sua propriedade. E estou disposto a pagar um bom preço por ele.

— E de que se trata? Algum objeto de arte, por ventura? Tenho muito orgulho da nossa coleção de aquarelas francesas, mas nunca pensei em dispor de um dos quadros.

— Não, minha senhora. Meu interesse não se dirige à sua maravilhosa coleção de pintura. O que desejo é me tornar dono de um de seus escravos.

— Queres comprar um dos negros? — espantou-se ela.

— Trata-se da dama de companhia de Heloísa, Rosário.

A velha dama ficou chocada, era a última coisa que esperava ouvir. Otaviano apressou-se em explicar:

— Minha avó é doente e necessita de constantes cuidados. Tenho lá uns cativos que a servem. Mas creio que a escrava Rosário seria ideal para o serviço. Parece prestimosa e esperta.

— De fato, é excelente nos serviços domésticos. Mas bem sabes que ela e minha filha são como unha e carne. Heloísa não me perdoará se eu vender Rosário assim, de uma hora para outra.

— Sei que parece estranho, senhora, mas devo insistir na proposta. Ofereço dois contos de réis.

Os olhinhos miúdos da condessa brilharam de ambição.

— Dois contos por uma escrava?

— Pago-lhe três, se a senhora julgar adequado.

— É mais do que suficiente! Nunca imaginei dispor de uma negra por tal soma. No mercado, poderias comprar uma dezena de negras jovens e faceiras pela metade desse preço.

— Tenho cá meus motivos para lhe propor este acordo. A compra de Rosário é um passo importante para que Heloísa reconsidere a proposta matrimonial que lhe fiz.

— Não entendo como poderia, Otaviano. Heloísa ficará transtornada por perder a companhia da ama. Vai ferver de rancor se a afastarmos de Rosário. E, se já não possuis a admiração de minha filha no momento, acredite que lhe tomar a dama de companhia não será o melhor caminho para atiçar-lhe a afeição. Desculpe a sinceridade, mas Heloísa vai te odiar por isso.

— Momentaneamente, minha senhora — riu Otaviano, sardônico. — Ela terá raiva no início, mas, depois, reconsiderará sua posição. Levarei Rosário para casa agora e, num futuro próximo, Heloísa estará novamente junto a ela, como minha esposa e senhora da mansão Moura Ferraz.

A condessa parou para pensar um instante. Tinha lá suas diferenças com a boa Rosário. Sabia que a filha dedicava muito mais carinho à escrava do que a ela, sua mãe verdadeira. Apesar de saber que Heloísa ficaria arrasada, Maria Angélica preferiu confiar na esperteza de Otaviano.

— Aceito o acordo, meu caro. Vou redigir um documento de venda, passando-te a propriedade da escrava agora mesmo.

Otaviano abriu um largo sorriso, certo de que tinha dado um importante passo para sua vitória.

∽∾

Heloísa soube da venda de Rosário naquela mesma noite. A própria condessa cuidou, sadicamente, de informar a filha acerca da negociação. A donzela ficou tão chocada que, por um momento, não teve forças nem mesmo para chorar.

— Não acredito que a senhora tenha feito tal crueldade — sussurrou, com um fiapo de voz. — Rosário é a única amiga sincera que tenho no mundo.

— Não passa de uma negra, Heloísa. Comprarei outra escrava para servir-te de ama.

— Não quero outra escrava! Rosário ajudou a me criar. Ela me viu crescer, amamentou-me quando a senhora já não dispunha mais de leite. Foi uma segunda mãe para mim! Como podes não ter gratidão por tudo o que ela nos ofereceu ao longo dos anos? Como podes abrir mão de uma amiga assim, como se fosse um objeto?

— Não sejas tola! Não sou "amiga" de uma negra! Ela é e sempre foi uma propriedade nesta casa. E o comprador ofereceu uma quantia irrecusável para garantir sua aquisição.

— Quem foi que a comprou? — perguntou finalmente Heloísa, alquebrada pelo sofrimento.

— Aquele que um dia será teu marido — revelou a condessa, com frieza.

— Otaviano?

A segurança e o equilíbrio que restavam se esvaíram do corpo de Heloísa. Ela explodiu num choro convulso. Desejava morrer ali, naquele instante, para escapar à mágoa que sentia.

— A senhora vendeu Rosário para aquele monstro?

— Monstro por quê? — surpreendeu-se a condessa. — É um homem honrado que, além de tudo, tornou-se sócio de teu pai. Tens obrigação de respeitá-lo, minha filha. Monstruosa é a tua insistência em renegar um futuro de bênçãos e glória ao lado dele. Por que não reconsideras tua posição, afinal? Vá junto com Rosário para a casa do homem que te ama. Continuarão unidas e tu ganharás, enfim, um novo nome e uma nova condição, como mulher casada e distinta. Aceita aquilo que deves ser, filha, e pára de lutar contra o destino.

— Jamais! — berrou Heloísa. — Sei que é exatamente o que ele quer: obrigar-me ao casamento. Mas não vou me submeter. Já basta o sofrimento de uma escrava. Não serei eu também cativa daquele maldito feitor!

A condessa suspirou, com ar contrariado. No fundo, alimentava alguma satisfação por ver a dor que fustigava a alma da filha. Achava que Heloísa, por sua puerilidade e tolice, merecia sofrer.

14
No tronco

Estava selada a primeira etapa da terrível vingança que a mente perversa de Otaviano arquitetara.

Quando Heloísa desceu as escadas, com o rosto banhado em lágrimas, seu desafeto já estava de saída, seguido por Rosário. A escrava, incapaz de contrariar as ordens de seu novo senhor, organizara seus poucos e humildes pertences numa trouxa de pano. Tinha a fronte coberta de suor nervoso e o coração descompassado, aflita com o misterioso futuro que a aguardava na mansão Moura Ferraz.

Ao ouvir os passos de sua querida Heloísa, a cativa voltou-se para admirá-la, ainda que fosse pela última vez. Amava aquela garota como se fora nascida de seu próprio ventre. Fustigava-lhe a alma saber que estariam afastadas, impossibilitadas de se ver ou falar. Abriu os braços, enquanto as lágrimas escorriam de seus belos e profundos olhos negros.

Otaviano ainda tentou apressar o passo para evitar a cena pungente, mas não teve sucesso. Heloísa alcançou-os diante da soleira da porta. Caiu de joelhos agarrada à barra da saia humilde, onde tantas vezes pousara a cabeça para receber os carinhos de sua adorada mãe postiça.

— Não a leves, Otaviano! — implorou a donzela. — Se tens por mim alguma afeição, algum respeito, não me magoes assim! A esperança que alimentas é pura ilusão. Não me tornarei tua esposa por conta dessa chantagem. Então por que perder tempo com tamanha crueldade? Não sujes tuas mãos ferindo meus sentimentos assim tão fundo!

Otaviano olhou para a condessa, em busca de auxílio. A matrona, que a tudo assistia em silêncio, entendeu a súplica e puxou a filha pelo braço, com vigor.

— Deixa de fazer escarcéu, filha! Não há nada demais em vender uma escrava. É um negócio que agradará ao teu pai, estou certa.

— Não me toques! — berrou Heloísa, afastando-se para o centro da sala. — A senhora não é mais minha mãe! A partir deste dia, renego o sangue que me corre nas veias!

Rosário seguia arrastada por seu novo senhor. Que deplorável quadro ver um ser humano, de tão nobres qualidades, submetido à condição de mercadoria. Heloísa não se conformava.

— Não temas, Rosário! — falou, com firmeza, entre as lágrimas. — Sei o quanto é terrível o que estás vivendo agora. Mas não será por muito tempo! Juro que te libertarei! Mais cedo ou mais tarde, estaremos unidas de novo!

Otaviano afastava-se o mais rápido que podia com sua nova propriedade, ansioso por se livrar do constrangimento.

Rosário ainda se voltou para lançar um último pedido:

— Cuida do meu pai, Heloísa! E também de Tomé!

Heloísa tentou correr para a rua, mas foi segura com firmeza pela condessa. Gritou, então, o mais alto que podia:

— Não te aflijas, amiga! Eu cuidarei dos dois! Nada lhes faltará! E tenha fé, eu imploro! Não desistas! Eu te libertarei, Rosário! Juro que te libertarei!

※

A chegada à lúgubre mansão Moura Ferraz encheu o coração de Rosário de pavor. Otaviano a conduziu depressa pelos cômodos escuros, de opressiva elegância e sóbria respeitabilidade. Chegaram aos fundos da construção e, com a mão cerrada qual tenaz a prender o pulso da boa escrava, ele a arrastou ao longo da área do quintal. Atravessaram um conjunto de árvores altivas, as alamedas do pomar, e chegaram à construção mais rústica da propriedade: o barracão dos escravos.

Os feitores, Zaqueu e Jeremias, que fumavam cigarros de palha diante da senzala, viram o patrão se aproximar e foram ter com ele, pressurosos.

— Boa noite, sinhozinho — disse Zaqueu, o mais alto e assustador da dupla.

— Acabo de comprar mais uma negra. Cuidem dela por mim.

— Está em boas mãos — aquiesceu o feitor, medindo Rosário de alto a baixo. — Ela vai ajudar a velha Tonha na cozinha?

— Não. Este traste não serve para o serviço doméstico.

— Fica então para cuidar da horta? — propôs o abrutalhado Jeremias.

— Nem isso. Há de ficar trancada a ferros durante a noite. De dia, vai limpar a sujeira da senzala e cortar lenha.

Rosário ouviu, impressionada. Jamais fora submetida a serviços braçais.

— Mas a negrinha parece fraca, patrão — estranhou o feioso Zaqueu. — Esse trabalho vai desancar a coitada.

— Estou dando uma ordem, não discuta! — alterou-se Otaviano. — Quero tratamento de fujão em cima dessa negra. Pouca comida, trabalho duro e chibata se retrucar!

— O senhor é quem manda — conformou-se o feitor.

꩜

Quando Tonha e Reginaldo souberam da situação, ficaram indignados.

— Ela sempre foi dama de companhia, Reginaldo! — sussurrou Tonha, na cozinha. — Não foi feita para trabalho de homem. E nem para dormir naquele chão de pedra!

— O patrão quer humilhar a pobrezinha — concordou Reginaldo. — Quer se vingar de dona Heloísa no lombo da negra.

— Aquilo é uma peste! Vai judiar da coitada até não mais poder. Aposto que só pára quando dona Heloísa aceitar o casamento.

Tonha estava certa, mas até determinado ponto. As ambições de Otaviano iam além, assim como sua frieza e maldade. O que ele arquitetava superava qualquer bom senso ou honradez. Eram planos de um lunático, de alguém que perdeu a medida do que é certo ou errado, de um homem que abandonou sua condição humana para se tornar um bicho. Ou, até pior, pois no caso a maldade era fria e calculada, mais cruel do que o instinto cego das bestas.

꩜

Rosário atravessou vários dias sofrendo as mais terríveis humilhações. Submetida a um trabalho brutal, forçada a dormir no frio e na sujeira, fustigada por palavras rudes e, não raro, por tapas e empurrões, ela logo ganhou a aparência imunda e assustada dos outros cativos da senzala. Emagrecia, tinha os cabelos secos e desgrenhados, a pele macilenta, os olhos eternamente esbugalhados de pavor.

Heloísa fez de tudo para que Otaviano reconsiderasse. Implorou para que a escrava fosse devolvida, pediu audiências com ela, lutou para que os pais intercedessem a seu favor. Nada, porém, fez efeito. Otaviano estava aferrado a seu misterioso plano. Parecia querer enfraquecer a pobre Rosário ao máximo para, então, exibir a carta que escondia na manga.

Foi o que ocorreu na noite quente de um sábado chuvoso e sem estrelas.

Otaviano entrou no barracão dos escravos, acompanhado dos feitores. Rosário, exausta, dormia profundamente num canto, um dos pés preso à pesada argola de ferro. Acordou com a voz de trovão do seu novo senhor e encolheu-se o quanto podia, tremendo de medo.

— Coloquem a negra no tronco! — ordenou ele, com satisfação incontida. — Já é hora dela conhecer o peso da chibata!

Rosário gemeu e chorou, mas não pôde evitar que os fortes feitores a arrastassem para o pátio. Lá, foi amarrada ao pelourinho e, à espera do castigo, só tentava compreender o que de mal fizera para merecer tamanho tormento.

15
Chantagem

Otaviano fez questão de tomar, ele mesmo, do chicote. Escolheu o de pontas de ferro, seu predileto. Com passos firmes, foi até a pobre Rosário, que permanecia amarrada ao tronco, e rasgou o tecido rústico que lhe cobria as costas. Ela, indefesa, tremia de pavor, incapaz de atinar com o motivo de tão violento castigo imposto à sua inocência. Chorava, envergonhada pela humilhação extrema, e, agarrada à última fortaleza que lhe restava — a sua fé —, rezava para que Deus a amparasse em tão dura prova.

Até os feitores, acostumados aos maus-tratos que seu rígido patrão dedicava aos cativos, estavam impressionados. Não conseguiam compreender que tanto ódio Otaviano podia ter daquela criatura inofensiva. Até mesmo aqueles corações embrutecidos sentiam-se condoídos diante da injustiça cruel que estavam prestes a presenciar.

Compenetrado, Otaviano afastou-se alguns metros e estalou a primeira chibatada. A dor atingiu no âmago a esperança que restava no coração de Rosário. Ela cerrou os olhos, pronta para morrer de tanto apanhar. A segunda lambada já foi suficiente para lhe cortar a carne, marcando de sangue as suas costas. Uma onda de calor e medo dominou-lhe o corpo, confundindo-lhe os sentidos. Apertando os dentes, buscou conforto na lembrança de Heloísa, Tomé, Antônio e Jonas, os seres que mais amava no mundo, aqueles por quem valeria a pena insistir e lutar. Por eles, suportaria o tormento. Viveria apesar da dor tamanha e da desonra a que era submetida.

Otaviano fez uma pausa antes do próximo golpe, admirando as feridas que já fizera.

— A negra tem a pele fina! — gracejou, sadicamente. — Ainda nem comecei a sova e já está se acabando.

Os feitores riram alto, mais para agradar o chefe do que por real satisfação. O chicote cortante estalou, então, pela terceira vez.

— Toma, escrava! Para deixar uma boa marca!

Desta vez, Rosário não conseguiu conter um grito. As veias de sua testa latejavam, a cabeça fervia, as imagens giravam à sua volta. Temeu desmaiar quando viesse o próximo golpe, pronto a explodir.

Otaviano ergueu o braço, mas algo o fez interromper o gesto. Bem ao seu lado, estava postada a figura invisível que lhe servia de conselheira constante. A mulher de véu presenciara toda a cena e, penalizada, insistia por clemência.

— Chega, meu amor! A negra já apanhou o suficiente. Por que marcá-la para sempre?

Os conselhos do ser invisível fizeram efeito, pois Otaviano surpreendeu a todos e interrompeu a tortura. Suspirou, satisfeito, colocou a chibata sob o braço e acendeu um cigarro, sorvendo calmamente a fumaça cinzenta. Tinha pensado em começar com dez chibatadas, mas, ao ver as manchas vermelhas marcando o algodão bruto das roupas da escrava, resolveu contentar-se por hora. Algumas gotas de sangue já eram o bastante para dar sequência ao que pretendia.

— Já chega! — disse ele, observando sua obra. — Deixem a desgraçada aí, presa ao tronco. Temos outro assunto a resolver.

O temível Moura Ferraz afastou-se para o interior da mansão com os feitores. Tinha ordens a lhes dar e queria que fossem cumpridas imediatamente.

❦

Rosário suspirou, aliviada com a interrupção do castigo, mas as atitudes de seu novo senhor a intrigavam. O que estaria tramando, afinal?

Ao lado do tronco, observando-a com comiseração, permanecia a presença fluídica da mulher de véu. Assim como seu amado Otaviano, ela alimentava um enorme preconceito. Dizia a si mesma, continuamente, que odiava os negros. Mas aquele excesso de violência era algo com que não podia pactuar. Embora confusa, incerta de seus valores e incapaz de compreender sua própria condição, aquela alma perdida não era de todo má. Se pudesse, soltaria as cordas e libertaria Rosário daquela horrível prova.

Os bons sentimentos que assaltaram o espectro provocaram uma surpreendente mudança em seu modo de observar a cena. A compaixão que sentiu refinou por um momento seu padrão vibratório e ela, surpresa, começou a enxergar uma forte luminosidade emanando do corpo da prisioneira. Era a aura pura de Rosário iluminando a noite, tão intensa quanto o clarão da lua, naquele momento oculta por trás das nuvens de chuva.

"De onde vem essa luz?", pensou o espectro. "Vivo há tanto tempo na escuridão. Nem mesmo lembrava como era bela a claridade. Como pode uma reles escrava emitir uma energia tão pura?".

Eram emanações de bondade e justiça, intensas o suficiente para influenciar um ser decadente e triste como aquele.

"Talvez ela possua um bom coração...", arriscou o fantasma. "Deve ser por isso que brilha tanto. Por que Otaviano impõe tão dura prova a um ser assim? Ele, decerto, só está pensando em atingir Heloísa. Quer provocá-la, forçá-la a ceder a seus caprichos".

Ao pensar nisso, o espírito se enfureceu. O novo e pesado sentimento imediatamente extinguiu a luminosidade que antes via e tudo voltou a mergulhar na escuridão.

"Até quando ele vai insistir nesta loucura? — sofreu a desencarnada. — Por que não se contenta, afinal, com o meu grande amor?".

E ali ficou a assombração, silenciosa e triste, a observar a cativa. Eram bem semelhantes as duas: uma amarrada a um tronco, a outra amarrada a suas crenças doentias e mórbidas obsessões.

⁓∘⁓

Sentado confortavelmente na penumbra da sala de estar, Otaviano aguardava a volta dos subordinados que haviam saído após escutarem suas detalhadas instruções. Agora era apenas uma questão de tempo para que toda a situação se ajeitasse de acordo com seus desejos. Nada podia dar errado.

Perto de badalarem as dez horas da noite, Zaqueu e Jeremias retornaram à mansão. Traziam com eles, à força, um negro alto e espadaúdo que, preso pelos braços, debatia-se na tentativa de escapar.

Era Jonas, o companheiro de Rosário, que, arrancado de seu casebre pelos dois brancos truculentos, não tivera saída senão acompanhá-los até lá.

— Que querem de mim, afinal? — gritava ele, irado. — Sou um homem livre! Não têm o direito de me tratar assim!

Alertado pelos berros, Otaviano foi rapidamente ao encontro daquele que mandara trazer, compulsoriamente, à sua presença. Ao vê-lo, Jonas sentiu uma mistura de surpresa e medo. Conhecia a fama de Otaviano como homem traiçoeiro e violento. E tinha ideia do quanto ele devia odiá-lo, graças a suas atividades como líder trabalhista na fábrica de fiação.

— Só podia ser coisa dessa peste... — sussurrou, antes de erguer a voz. — Como te atreves a mandar esses animais para cima de mim no meio da noite, arrancando-me do meu lar? Isso é caso de polícia!

Otaviano permaneceu impassível, com um enigmático sorriso estampado na face.

— Antes de mais nada, quero que me acompanhe. Tenho algo a te mostrar que há de abrandar esse tom impertinente.

Jonas foi levado para os fundos da propriedade, onde a visão de sua amada presa ao tronco fez-lhe na alma uma ferida maior do que um punhal seria capaz de provocar-lhe na carne.

— Deus de misericórdia! — gritou ele, apavorado com a cena.

Sua tentativa de correr para Rosário e libertá-la foi de imediato frustrada pela força dos capatazes que, com violência, forçaram-no a permanecer no mesmo lugar.

Embora não pudesse vê-lo, impedida pelas cordas que a atavam, Rosário emocionou-se ao ouvir a voz de seu querido amigo. Como queria poder abraçá-lo e chorar em seu ombro toda a mágoa que sentia.

— Seu maldito! — berrou Jonas para um plácido e tranquilo Otaviano. — Como teve a coragem de tocá-la, de feri-la dessa forma aviltante?

— E é só o começo, Jonas. A escrava agora é minha! Em nome da lei, faço dela o que bem entender. Ninguém poderá me impedir. Posso te mostrar a escritura de compra, se assim quiseres.

A mente de Jonas convulsionava-se de fúria e indignação. Mas ele não tinha outra alternativa senão negociar com aquele monstro.

— É pelo final da greve que fizeste essa barbaridade? É para que nos submetamos à sua exploração e deixemos de lado a nossa luta?

— Foi um dos motivos... — concordou Otaviano, sempre com um ar deliciado que só fazia aumentar a revolta no peito do oponente. — Tiro tua namorada do tronco se amanhã os empregados retomarem seu lugar em frente às máquinas.

— Eu vou tentar — concordou Jonas, vencido. — Negociarei o fim da paralisação ainda hoje com os meus companheiros.

— Negociar não será suficiente, meu caro. Consiga que retornem ao serviço a todo custo ou juro que arrancarei pessoalmente todo o couro desta negra.

Arrasado, Jonas deixou-se cair de joelhos no chão. O que mais podia fazer senão abrir mão de seus valores e sonhos? A segurança de Rosário estava em primeiro lugar. Otaviano tinha-o em suas mãos.

— Anda, homem! Minha paciência está se esgotando! Jura que a fábrica voltará a funcionar amanhã mesmo!

— Eu juro — concordou Jonas. — Mas, antes, quero ver Rosário em segurança, fora daquele tronco!

— Tudo a seu tempo, meu caro. Dou minha palavra de que será feito. Mas antes tenho outra exigência a fazer, algo que nada tem a ver com a tecelagem.

— Que queres de mim, afinal?

— Vou te explicar em detalhes. E já te adianto que não admitirei falhas. Hás de me prestar um serviço inestimável. Se fores bem-sucedido, não só assinarei a alforria de Rosário como os premiarei com uma respeitável soma em dinheiro.

Jonas ficou ainda mais apreensivo. O que aquele homem tenebroso poderia estar querendo? Que serviço poderia prestar a ele que tivesse tanto valor?

16
Estranhas ocorrências

Um novo e radiante dia nasceu sobre o velho Rio de Janeiro. Mascates anunciavam seus produtos pelas ruas de pedregulhos cinzentos; as portas das casas comerciais se abriam para os primeiros fregueses; grupos de crianças se dirigiam à escola, fazendo algazarra. A manhã fervia de vida e excitação.

Gabriel Rodrigues acordou animado com a perspectiva de avistar sua amada Heloísa na missa da igreja de Botafogo, única situação em que podiam ter contato, ainda que distante. Banhou-se, vestiu-se com esmero, cuidou de ajeitar o laço da gravata vermelha com galhardia, tudo para causar boa impressão à dona de seus pensamentos. Mas, ao chegar à cozinha, surpreendeu-se diante de um fato inusitado: alguém havia quebrado uma das vidraças da janela próxima ao fogão. Imediatamente, pensou que tivessem sido vítimas de uma invasão noturna. Mas, examinando a casa, não achou falta de coisa alguma. Concluiu que o estrago fora ocasionado por alguma pedrada, fruto da brincadeira inconsequente da molecada do bairro.

Afastou o incidente do pensamento e, depois de um rápido desjejum em companhia do pai, que não abria mão da presença amiga do filho nas horas matutinas, partiu para a rua, todo animado. Levava no bolso do colete um bilhetinho de amor, com juras sinceras e pedidos prementes. Mais uma vez, afirmava seu grande afeto por Heloísa e implorava pelo momento em que partiriam juntos da cidade, em busca de um lugar onde pudessem extravasar sua paixão e reiniciar juntos as suas vidas.

No caminho para a igreja, Gabriel avistou um grupo de velhos conhecidos, antigos operários da tecelagem, dirigindo-se ao trabalho. Eles trajavam os uniformes cinzentos que caracterizavam os empregados dos Albuquerque de Sá e traziam nos semblantes um ar de evidente insatisfação.

— Aloísio! — chamou Gabriel, dirigindo-se a um dos proletários.

O homem, de tez amarelada e profundas olheiras escuras sob os olhos negros, reconheceu-o de imediato.

— Professor Gabriel! — saudou ele, parecendo mais animado. — Sabia que o senhor não nos faltaria nesta hora! Está indo se encontrar com Jonas lá na fábrica, decerto.

O rapaz ficou confuso. Há dois dias não tinha a chance de conversar com Jonas e saber como andava a situação do movimento trabalhista.

— Para ser sincero, não estava indo em direção à tecelagem — confessou. — Mas vejo que estão trajando as roupas de serviço. A greve foi interrompida, afinal? Por ventura, alcançaram do conde Maurício uma palavra positiva quanto às nossas reivindicações?

— Qual nada, professor... continua tudo na mesma toada de antes — esclareceu Aloísio, com voz triste.

— Não tivemos qualquer aumento de salário, nem se falou em diminuição das horas de trabalho — continuou Venceslau, um negro baixinho, de cabelos grisalhos. — O inferno continua tão quente como sempre foi.

— Mas então o que os levou a interromper a greve? — impressionou-se Gabriel.

— Foi Jonas quem assim determinou — explicou Venceslau, cabisbaixo.

— Ontem à noite, quando todos já estavam recolhidos em suas casas, Jonas procurou os líderes do movimento e implorou para que fosse dado fim ao boicote. Ele frisou que era uma questão de vida ou morte e pediu que a notícia fosse espalhada a todo custo, ainda que no meio da madrugada. Muitos tentaram se contrapor a essa decisão repentina, mas o senhor sabe como nós respeitamos o Jonas. Ele sempre foi mais do que um líder. É, antes de tudo, um amigo sincero, que todos prezam e admiram.

— Julgamos por bem obedecer ao seu comando — completou Venceslau. — Ele há de ter bons motivos para nos ordenar a agir deste modo.

— Assim espero... — respondeu Gabriel, apreensivo, pasmo com a atitude inesperada. — Tenho agora um compromisso e, em seguida, uma aula para ministrar. Mas, assim que estiver livre, irei à tecelagem conversar com Jonas. Ele, sem dúvida, dará uma boa explicação para esta decisão inesperada.

Os humildes trabalhadores agradeceram a atenção de Gabriel e seguiram seu caminho, abatidos.

O professor estava confuso. Interromper o movimento grevista assim, repentinamente, sem reflexão ou debate, era algo que ia contra o temperamento e a história do correto Jonas.

O que teria ocorrido de excepcional para provocar tal atitude intempestiva?

༺๛༻

Ao chegar à frente da igreja, onde vários fiéis ainda aguardavam o início da celebração, o coração de Gabriel Rodrigues se encheu de júbilo. Ali estava ela: a dona de sua alma, a razão de sua luta, a perfeição que antes só conhecera em sonhos, a doce mulher que o cativara para todo o sempre.

Heloísa trajava-se com recato e bom gosto, usando um leve vestido lilás. Protegia-se sob sua sombrinha de seda rosada e, aflita, também buscava avistar seu grande amor. Ao vê-lo, discretamente postado ao lado de uma das colunas de concreto da catedral, Heloísa sorriu, sentindo que, em seu coração, apaziguavam-se as preocupações e mágoas que vinha enfrentando nos últimos tempos. Mas Gabriel, perspicaz, percebeu que aquele sorriso acompanhava uma nota triste. O que será que afligia a adorada companheira de seus planos?

Ao lado da doce Heloísa, surgiu uma figura desconhecida: era uma senhora de idade avançada e expressão sisuda, trajando um antiquado vestido preto e ostentando um pesado crucifixo de madeira ao peito. Ela observava Heloísa com insistência, quase ferocidade, como que decidida a guardá-la do resto do mundo.

Gabriel compreendeu de imediato que aquela mulher sombria devia ser uma nova dama de companhia, imposta pela autoritária condessa Maria Angélica. Decerto servia como cão de guarda para evitar suas aproximações. Mas onde, então, estaria a boa Rosário? Será que a teriam relegado a serviços internos para evitar que ela lhes auxiliasse o contato? Talvez tivessem descoberto que ela vinha servindo de intermediária para o jovem casal, encaminhando recados e cartas. Era, de todo modo, mais uma desagradável surpresa para entristecer uma manhã que começara tão bela e carregada de promessas de ventura.

Infeliz por não poder entregar a missiva apaixonada que trouxera, Gabriel teve que se contentar em observar de longe a bela Heloísa. Como gostaria de correr até ela, abraçá-la, despejar em seus ouvidos toda a angústia por serem forçados a viver apartados, embora tão unidos pelos laços do coração. Como adoraria beijar seus lábios de rosa, recitar-lhe de cor as poesias que lia em sua homenagem, murmurar baixinho a graça terna de seu nome que já lhe parecia sagrado.

"*Heloísa, razão de minha jornada, senhora de minha alma, estrela radiante a me indicar o caminho da felicidade e da paz*", assim começava o bilhetinho de amor que, infelizmente — graças às maquinações de uma alma perversa —, jamais seria entregue àquela que o inspirou.

⁂

Durante a missa, Gabriel ficou remoendo suas dúvidas, angustiado. A substituição de Rosário era um empecilho que ele não contava enfrentar. Agora, mais do que nunca, seria difícil dividir seus sentimentos e planos com a amada. Deveriam apressar, então, os planos de fuga e buscar, na distância segura de outra cidade, a ventura que os familiares e inimigos teimavam em lhes negar.

Também o atormentava a decisão súbita que tomara Jonas. Por que ele interrompera a greve assim, de chofre, sem reflexão, sem ao menos uma conversa? Por que não lhe contara nada acerca de atitude tão importante? Sem dúvida, algum acontecimento decisivo viera para forçá-lo a agir desse modo. E haveria de descobrir do que se tratava!

Já tinha em mente os seus planos de ação: após a missa, deveria dar uma aula de História no educandário onde atendia seus pupilos ricos. Em seguida, procuraria Jonas na fábrica para uma palestra a sós. O amigo não se furtaria a lhe dar respostas. À noite, por fim, visitaria Heloísa em segredo, como já fizera antes. Escalaria o muro da mansão e, oculto pelo silêncio da noite, conversaria com sua futura esposa, com ela faria planos e decidiriam os próximos passos de sua jornada: a fuga e o reinício em outro local, onde enfim pudessem ser livres e felizes.

Nada disso, porém, aconteceu. O inesperado veio, qual um golpe de foice, interromper a linha do destino e impor uma nova conjuntura... bem mais sofrida e cruel.

Ao término da missa, Heloísa e sua nova dama de companhia saíram da igreja com pressa. Gabriel deixou o local em seguida, acompanhando de longe enquanto sua amada se distanciava. Tinha o coração mais apaziguado, pois embora não tivesse tido a chance de entregar o bilhete de amor, decidira mentalmente os passos futuros a empreender.

Nada, porém, ocorreu como previsto. Uma visão chocante assaltou-lhe as retinas assim que colocou os pés na rua, onde o sol intenso dominava: Heloísa se encaminhava com a criada em direção à esquina, ao mesmo tempo em que um homem encapuzado se aproximava, sorrateiro, aproveitando-se das sombras das edificações para não chamar a atenção dos transeuntes. Em sua mão direita, bem o viu Gabriel, a lâmina de um punhal brilhava.

Gabriel cogitou, de imediato, um assalto. Mas, numa fração de segundo, julgou mais coerente a hipótese do assassinato. O que impedia que uma mente perversa como a de Otaviano tivesse tramado aquele crime hediondo como forma de se vingar da desonra de ter sido preterido? Era bem próprio de um ser daquela estirpe recorrer ao sangue.

Segundo uma velha e hipócrita visão, o sangue serve para lavar a honra ferida, purificando-a. Que grossa ilusão! Jamais a violência pode proteger a honra. Ela só serve para aviltá-la ainda mais, cobrindo-a de nódoas e vergonha. Aquele que se julga ofendido, deve ter direito à defesa, mas jamais à agressão. Alguns homens, porém, como o desprezível Otaviano de Moura Ferraz, acreditam ter o direito de purgar seus melindres ferindo ao próximo, aviltando-o, quiçá matando-o. Esses se esquecem de que a morte não é um fim, mas uma continuidade da vida. O julgamento por nossos atos é, portanto, contínuo: sempre nos aguarda.

A mente de Gabriel entrou num turbilhão, na certeza de estar prestes a presenciar a torpe vingança do rival ferido de amor. Ele retesou todos os músculos de seu corpo na esperança de salvá-la, de tirar do caminho da amada aquele trágico e injusto castigo. Correu como se disso dependesse a continuidade do universo e, no momento em que a sombra lúgubre do agressor chegava perto de Heloísa, lá estava também, pronto a se entregar ao golpe fatal no lugar da donzela.

Heloísa nem teve tempo de gritar de pavor. O bandido, enquanto erguia o punhal brilhante com a mão direita, agarrou-a pelo pescoço com a esquerda, certificando-se da imobilidade do alvo. Tencionava acertar-lhe o meio do peito, bem em cheio no coração, extirpando-lhe covardemente a vida num só golpe.

Foi bem a tempo que Gabriel interveio, atirando-se como um raio sobre o bandido.

Enquanto Heloísa e a ama começavam a gritar, horrorizadas, por socorro, os dois homens se engalfinhavam, qual feras selvagens pelo chão. Gabriel, ágil e forte, conseguiu acertar-lhe um soco no rosto, enquanto segurava-lhe o braço, afastando o ameaçador punhal.

Com a esfrega, o capuz deslocou-se do rosto do homem e Gabriel, deslumbrado, pôde ver quem era, afinal, o assaltante. Parecia mentira, uma farsa criada por um ébrio inconsequente, mas o atacante incógnito... era Jonas!

17
Assassinato

Alertados pelos gritos aflitos de Heloísa e da velha dama de companhia, muitos dos homens que haviam comparecido à missa correram na direção do tumulto. Em instantes, uma pequena multidão se aglomerava na esquina, alguns por mera curiosidade, outros prontos a interferir caso se confirmasse a hipótese de um crime.

Gabriel e Jonas permaneciam caídos no chão. A surpresa por ver que o agressor de sua amada era ninguém menos que seu melhor amigo paralisara o professor por um instante. Não podia crer em seus próprios olhos.

— Sim, sou eu! — enfrentou Jonas. — Não tive outra escolha senão atacá-la.

Gabriel estava chocado. Motivo algum podia explicar tamanha traição e violência por parte de alguém que respeitava e que sempre ajudara como a um irmão. A fúria dominou-lhe os sentidos, cegando-lhe a razão. Tinha ganas de devolver a afronta em igual medida, desforrar com violência toda a sua decepção.

— Covarde! Traidor! Foi por dinheiro, não foi? Por ordem de Otaviano Ferraz!

— De fato foi por dinheiro! Fui muito bem pago para tirar tua vida e a dela. — mentiu o agressor, com convicção, reforçando em seguida a versão recomendada pelo autor do golpe.

A confirmação do suborno ampliou ainda mais a revolta de Gabriel Rodrigues. O motivo torpe só fazia dilatar ainda mais a intensidade da ofensa.

— Eu te mato! — gritou o professor, num impulso, enquanto agarrava o forte mulato pelo pescoço. — Juro que te mato, traidor!

Assim que essas palavras fatídicas foram proferidas, uma carruagem negra dobrou a esquina, puxada velozmente por uma parelha de cavalos a galope. O carro parou bem ao lado do local do tumulto e Jonas aproveitou a breve distração causada no povo para escapulir. Utilizando-se de sua força física e agilidade, deu vigoroso empurrão, safando-se de Gabriel. Então correu, afastando duas ou três testemunhas com truculência, e pulou para o estribo da condução.

Imediatamente, o cocheiro encapuzado estalou o relho, incitando os corcéis a partirem. Antes que Gabriel pudesse fazer qualquer coisa, o agressor deixou o local do crime.

෴

Assim que a carruagem chegou a um ponto tranquilo, suficientemente distante do local do incidente, o cocheiro puxou as rédeas, forçando os cavalos a estancarem. Ele se despiu da capa que lhe ocultava a identidade e desceu para a rua. Tratava-se de Zaqueu, um dos capatazes de Otaviano. Seu senhor, que a tudo assistira de longe, estava confortavelmente instalado no interior da condução, comemorando o sucesso de mais aquela etapa de seu elaborado golpe.

Jonas pulou do estribo, aflito, revoltado com o que acabara de ser obrigado a fazer. Ainda não compreendia as estranhas ordens do mentor da situação. Otaviano determinara, explicitamente, que Heloísa deveria ser atacada, dando a Gabriel e às testemunhas a ilusão de uma tentativa de assassinato. Mas ordenara, com veemência, que ela não deveria jamais, sob nenhuma hipótese, ser realmente ferida. Só lhe interessavam as aparências, a falsa impressão de que a vida dela fora ameaçada.

Foi por se tratar de uma farsa que Jonas concordara com o plano. Para libertar Rosário, aceitara fazer tão vergonhoso papel no que não passara de um grande teatro. Mas ainda não conseguia atinar com o motivo de toda a encenação. Por que Otaviano queria fazer Gabriel acreditar que ele era um assassino? Que maquinações poderiam explicar as ordens daquele lunático?

Jonas não teve tempo de compreender totalmente as intenções de Otaviano. Zaqueu e Jeremias deram cabo de sua vida naquela mesma noite. Foi encontrado morto no chão de sua casa, com uma faca de cozinha enterrada bem fundo em suas costas.

Na hora do homicídio, Gabriel estava a sós em casa, a ler um romance na tentativa de espantar a insônia nervosa que o assaltara. O instrumento do crime foi posteriormente reconhecido por testemunhas: saíra de uma das gavetas de sua cozinha.

Naturalmente, as suspeitas recaíram todas sobre ele, logo que raiou a manhã seguinte. Ele havia jurado publicamente matar aquele homem livre, que todos sabiam ser seu antigo companheiro nas batalhas trabalhistas da tecelagem. A faca, que fora surrupiada de sua casa na madrugada anterior ao crime, funcionou como a confirmação que faltava. Ninguém duvidava que Gabriel Rodrigues tivesse se vingado da interrupção repentina da greve e, principalmente, da agressão que Jonas impingira à sua amada Heloísa.

A traiçoeira armação de Otaviano de Moura Ferraz dera resultado.

18
Uma nova Heloísa

Enquanto esperava pelo julgamento, Gabriel manteve-se confiante. Jamais fizera nada de mau a quem quer que fosse e seu desenvolvido senso de justiça levava-o a encarar aquela situação difícil com otimismo. Haveriam de constatar sua inocência e libertá-lo da vergonhosa acusação. Mas o tempo passou, os recursos legais e burocráticos se esgotaram e nada pôde evitar que a terrível injustiça se consumasse: ele foi julgado e condenado culpado de homicídio premeditado em primeiro grau. Sua pena — vinte anos de clausura — deveria ser cumprida no Presídio Central da Comarca do Rio de Janeiro.

Foi assim que um homem bondoso e inocente foi levado a experimentar um castigo destinado aos piores facínoras. E que as atitudes de um homem sem escrúpulos destruíram os sonhos de amor de um casal apaixonado.

Gabriel foi encarcerado numa manhã de verão especialmente bela, o que só serviu para tornar pior o contraste entre a liberdade que tanto prezava e o lúgubre interior do presídio. A cela onde foi confinado, pequena e úmida, contava com um pequeno lavabo exposto, dois beliches rústicos, uma mesinha de madeira que servia de escrivaninha e refeitório, e duas cadeiras com assentos esgarçados de palha amarela.

Dividiam a cela com ele dois outros detentos: Sebastião, um negro acusado de ter assassinado o próprio irmão, e Viriato, um homenzinho de aparência assustadora, dono de uma ficha policial mais extensa do que a baía de Guanabara: roubo, furto, latrocínio, agressão, estelionato, desacato... e o que mais se possa lembrar para incluir numa lista de delinquências.

O infeliz Gabriel era um peixe fora d'água entre aqueles consumados bandidos, mas, sem outra saída, suportava-os. Não tinha nada melhor a fazer, exceto ver o tempo passar.

O maior pesadelo a ser enfrentado na penitenciária atendia por Donato. Era o carcereiro da ala onde Gabriel estava confinado, um homem desprovido de caráter ou compaixão, dotado de uma avantajada tendência para a ferocidade. Desde o primeiro momento, antipatizara com Gabriel, pressentindo-lhe a educação refinada e a cultura. Gratuitamente, por pura maldade, decidiu que faria da vida do jovem professor um inferno. Repreendia-o por qualquer motivo, gritava, negava-lhe direitos adquiridos, fazia todo o possível para humilhá-lo diante dos outros presos. Era um incômodo a mais a conturbar a vida do jovem injustiçado.

Otaviano não se continha de satisfação. Tudo corria a contento, bem da forma como imaginara. Agora teria o que desejava, aquilo de que se julgava detentor por merecimento e direito. Teria sucesso como empresário, amealhando dinheiro e prestígio. Tornaria a tecelagem Albuquerque de Sá um modelo de produção fabril, uma mina de ouro. Mas sua maior vitória tinha nome de mulher. Afastada, enfim, do impertinente Gabriel, decepcionada por acreditá-lo um criminoso violento, Heloísa não teria outra saída senão sucumbir a seu assédio e se tornar, enfim, a nova senhora Moura Ferraz.

A moça, porém, não estava disposta a se enquadrar nos projetos de Otaviano. E a explicação pode ser resumida a uma palavra: confiança. Apesar das provas que haviam sido plantadas, da ameaça pública de Gabriel contra a vida de Jonas, ela tinha uma completa e inabalável segurança de que seu amado era inocente. Era inconcebível que aquele homem de tão elevados ideais e nobres qualidades tivesse se rebaixado ao nível de grosseria e violência de um assassino.

Não, Heloísa não podia ter se enganado tanto. Seu querido Gabriel fora acusado injustamente e, apesar de toda a pressão familiar e social que sofreria, ela não o abandonaria. Ficaria sozinha a vida toda a esperá-lo, se preciso fosse. Mas não trairia jamais o afeto que sentia por ele. Se fora enclausurado por equívoco, então ela também se confinaria: em si mesma, em seus sentimentos, em sua fé de que ainda teriam uma reparação para tanta iniquidade. Seu amor não diminuiu diante do escândalo, pelo contrário, sentia-se, mais do que nunca, fortalecida em seu afeto, decidida a encarar toda dor em nome de um sentimento que a tornava mais profunda e completamente humana.

Ela sempre fora uma mocinha do seu tempo: pacata, discreta, submissa às vontades dos pais e de terceiros, adequada às normas dos costumes e convenções. Agora algo se modificava em seu íntimo: era uma mulher amadurecida à força da decepção sentimental, da revolta e do sofrimento. Estava abatida, sim, mas a dureza das provas que lhe eram impostas obrigavam-na a ser forte. Não quedaria indefesa e conformada ao vendaval que lhe fustigava a vida. Encararia o teste que a existência lhe impunha, suportaria a intensidade da afronta, encararia seus medos e inseguranças para se manter de pé, firme e decidida a lutar pela verdade, pelo bem, pelo amor que ainda a sustentava. Lutaria! Contra Otaviano e sua insistência atroz, contra os pais e sua autoridade egoísta, contra a lei que condenava o inocente, deixando o culpado livre, a tripudiar da justiça. Lutaria e se tornaria uma nova Heloísa, renascida da dor.

Nunca antes ela se sentira tão só. Os pais, que deveriam servir-lhe de apoio e esteio, haviam se mostrado insensíveis, avessos a compreenderem seus sentimentos, fechados em seus anseios particulares. Era duro assumir, mas não podia contar com a ajuda deles neste que era o momento mais difícil de sua vida. Seu grande amor estava entregue a um repugnante destino: de isolamento e castigo imerecido. Rosário, a companheira fiel e sincera, amiga de todas as horas, estava sob o domínio de Otaviano, homem que, se antes causava-lhe indiferença, agora despertava seu completo desprezo. E, como se tudo isso não bastasse, havia ainda a preocupação com Antônio e Tomé, que haviam ficado entregues à sorte, desprovidos da assistência material e amorosa de Rosário.

Como poderia agir diante de tão conturbada situação? Onde encontraria forças para decidir o melhor caminho a tomar? Mal completara os dezoito anos, não passava de uma menina. A vida a fustigava com uma carga de dissabores que, a princípio, parecia-lhe pesada demais para seus frágeis ombros. Mas a revolta incendiava-lhe a determinação, qualidade que se destacava em seu caráter. Agiria! Lutaria contra o turbilhão de problemas, enfrentaria o desafio que a existência lhe impunha e não se acomodaria ao sofrimento.

Só não sabia ainda por onde começar. As dúvidas e a angústia fustigavam-na. Sentia-se num beco sem saída, tão prisioneira quanto Gabriel ou Rosário.

Foi, enfim, no poder da fé que ela encontrou sua primeira consolação. Erguendo aos céus uma fervorosa prece, pediu por orientação e clareza. Implorou a seu anjo guardião que lhe indicasse o melhor caminho, iluminasse sua intuição e lhe trouxesse alternativas para o que parecia imutável.

A oração é uma arma poderosa diante de todas as adversidades e conflitos desta vida. Quando um homem se vê prisioneiro de uma infinidade de contratempos e tristezas, seus pensamentos podem reforçar a ruína ou rechaçá-la, ampliar a vantagem da desesperança ou reforçar o otimismo em soluções salvadoras. A cura de todos os males — físicos, materiais ou sociais — deve nascer, antes de tudo, na interioridade da alma. Aquele que se entrega à derrota, sem ampliar os horizontes de sua visão futura, acaba mesmo derrotado, alijado de um bem precioso: a capacidade intrínseca que temos de renovação.

Rezar funcionou como um bálsamo para o coração ferido da doce Heloísa. Amparada por um espírito protetor que recebera a incumbência de servir-lhe de mestre e guia, Heloísa sentiu-se mais confiante. Paulo — era este o nome desse espírito de bondade e luz — vinha acompanhando a sequência dos acontecimentos com interesse e aguda preocupação. Sempre que podia, ele buscava envolver sua protegida em energias de afeto e proteção que tanto lhe faltavam no mundo físico. Através do pensamento, único canal de comunicação entre o mundo espiritual e o físico, ele sempre buscava confortá-la. O conselho que ele lhe deu naquele dia valeu por um tesouro de valor incalculável: ele sugeriu que Heloísa, apesar de todos os entraves externos, jamais traísse a si mesma.

19
Esperança

Sentindo-se mais confiante, Heloísa tomou uma atitude inesperada que a princípio parecia contradizer o que havia lhe inspirado seu guia espiritual. Ela se fechou com os pais na biblioteca e, fingindo-se arrependida, entregou-lhes a coisa que mais queriam no mundo: sua submissão.

— Eu pensei muito, papai, mamãe, e cheguei à conclusão de que estavam certos: fui uma tola ao me deixar envolver por um homem de outra classe. Gabriel, infelizmente, não era nada do que eu pensava. Espero nunca mais ouvir o seu nome.

Os olhos do conde e da condessa se encontraram por um instante, vitoriosos. A matrona, então, assumiu um tom de voz adocicado que em nada combinava com sua figura:

— Enfim a sensatez volta a comandar teus pensamentos, filha! Eu bem que te alertei acerca desse professor de escravos!

— Um assassino! — observou o conde, veemente. — Imagine só o perigo que corrias dando atenção a um bandido dessa espécie!

— Espero que agora compreendas porque somos tão insistentes quanto ao teu compromisso com Otaviano — continuou Maria Angélica. — Só pensamos no teu bem, na tua felicidade e segurança.

— Bem o sei, mamãe. E já decidi: vou aceitar finalmente o pedido de Otaviano. Casaremos antes mesmo do final do ano.

A condessa quase teve uma síncope, tamanha a euforia que sentia. O conde, com o rosto avermelhado de animação, abriu um sorriso resplandecente.

— Enfim abres os olhos, minha filha! Já não preciso mais me preocupar com teu futuro.

— Terás o casamento do século, minha criança! — exultou a condessa, saboreando sua vitória. — Vamos fazer uma festa mais radiante do que foi a coroação de Pedro II. A corte inteira estará convidada. E ganharás presentes dignos de uma princesa.

— É assim que me sinto, mamãe. Mal posso esperar por esse grande dia... — concordou a moça, esforçando-se para manter no rosto um sorriso.

༄

Otaviano saiu de sua carruagem, afogueado de ansiedade. Galgou os degraus de pedra do frontispício da propriedade dos Albuquerque de Sá e, com um ramalhete de flores vermelhas nas mãos, caminhou até a porta de entrada. Seu coração batia descompassado. Esperava que seu plano desse resultado, mas não imaginava que fosse tão rápido. Quando recebeu o recado do conde, informando-lhe da decisão de Heloísa, quase desacreditou de seus próprios ouvidos.

Ela seria sua, enfim! Sua esposa, sua mulher, sua senhora!

Quando foi recebido na sala de estar, Heloísa já estava ali, acomodada no sofá, com um longo vestido de babados cor de pérola. Parecia uma pintura de rara beleza, uma obra de arte refinada e gloriosa.

O conde e a condessa, após os cumprimentos formais, preferiram deixar o casal a sós, para que conversassem em paz.

Assim que se viu sozinho com a amada, Otaviano correu a beijar-lhe os dedos.

— Minha doce Heloísa...

— Senta-te, por favor, Otaviano — pediu ela, educada. — Temos muito o que conversar.

Ele obedeceu, satisfeito, já tomando a palavra:

— Teu pai me informou de tua mudança de opinião acerca do nosso consórcio... — começou, deliciado.

— Sim. De fato, estou propensa a aceitar o teu pedido.

— "Propensa"? — repetiu ele, preocupado.

— Desejo aceitar teu oferecimento. Mas tenho, para tanto, uma condição.

Otaviano franziu as sobrancelhas, confuso.

— E de que se trata? Se estiver ao meu alcance...

— Sem dúvida, está. Quero de volta minha dama de companhia. Só me caso contigo se tiver Rosário de volta ao meu lado.

☙❧

Otaviano cumpriu, com gosto, a sua parte no trato. Na noite daquele mesmo dia, permitiu que Rosário retornasse, aliviada, da clausura que vinha lhe impondo para a segurança aos pés de sua estimada Heloísa.

O reencontro emocionado das duas amigas guardava, porém, uma nota triste. Lágrimas amargas desciam pela face da bondosa ama.

— Acaso pedi que me libertasses a tal preço? — gemia ela.

— Jamais imaginei ser a causa de tua infelicidade, Heloísa. A ti ofereci meus carinhos e cuidados, tal como faria a uma filha do meu sangue. E não posso admitir que uma criatura doce e cheia de encanto como tu te entregues aos braços de um ser repugnante como aquele Moura Ferraz. Não te cases com ele, eu te imploro! Não destruas teus sonhos e tua mocidade. Nem mesmo por mim. Eu rogo que me deixes voltar para o tronco, para os castigos da senzala imunda. Depois que perdi meu amado Jonas, minha vida já não tem mesmo sentido. Prefiro a morte a ver-te esposa de uma criatura abominável!

Heloísa limpou as lágrimas do rosto negro com suas mãos de seda. Num abraço apertado, pediu que Rosário se aquietasse e que apaziguasse seu tormentoso coração.

— Jamais cumprirei o que disse — confessou em surdina.

— Otaviano só ouviu de mim uma jura. Mas jamais, ainda que me arrastem ao altar, ouvirá de meus lábios a confirmação de tal promessa.

Rosário passou do pranto ao riso, mais por conta do nervoso que sentia do que por real alívio:

— Então mentiste para aquele monstro... apenas para me salvar?

— Que mais querias que eu fizesse? Sei que a mentira não é algo de que uma donzela deva se orgulhar. Mas, em nome de causa tão nobre, fico contente por ter tido a fraqueza de utilizá-la.

— Mas que faremos agora, filha de minha alma? Como poderemos evitar que esse casamento seja celebrado?

— Fugiremos, amiga! Eu e tu. Para onde não nos alcancem as imposições de meus pais e as chantagens de meu pretenso noivo. Começaremos nova vida. E tu me farás companhia e me darás força enquanto espero pela volta daquele a quem amo, o homem que livrará minha vida de todo sofrimento e com quem, enfim, encontrarei a paz.

— Deliras! — exclamou Rosário. — Acaso temos para onde ir se deixarmos esta casa? Teus pais e Otaviano nos perseguirão onde formos. Não temos chance de escapar.

— Enganas-te, amiga. Ainda não sei como nem quando empreenderemos nossa arriscada fuga, mas te garanto que encontraremos a hora certa e o destino que nos dará segurança e guarida. Confia em mim. E, acima de tudo, no poder de Deus que nos ilumina e guia. Triunfaremos! Apesar de todos os entraves, seremos livres!

Novo abraço selou aquela promessa solene de ventura. E, nos céus, as estrelas cintilaram em uníssono, espargindo pelo infinito espaço o brilho da sagrada esperança.

20
Noivo ultrajado

Otaviano, como era de se esperar, quis que o casamento se realizasse o mais breve possível, assim que cumpridas as proclamas. Durante este período, Heloísa tentou, de todas as formas, encontrar um jeito de escapar da mansão. Não era nada fácil, porém. Vivia fechada a sete chaves, vigiada pelos pais que receavam que cometesse o desatino de visitar Gabriel no presídio.

Eram, portanto, dois encarcerados: ela pela família, ele pela lei.

À noite, Heloísa se postava à janela e observava a lua imponente a derramar seus fulgores sobre a Terra escura. Ele, em sua cela, fazia o mesmo. Chegava-se à única janela gradeada e, pelas frinchas, observava o espetáculo do céu noturno.

Ambos, conectados por seus pensamentos e lembranças, acabavam por sentir semelhantes emoções. Como era linda e poderosa aquela lua, capaz de iluminar num só momento, com suas cintilações de prata, dois amantes que o mundo, cruelmente, cuidara de apartar.

Os dois, em tais momentos, choravam. E suas lágrimas compartilhadas, nascidas da mesma dor, só tornavam mais intensas sua revolta, sua mágoa, sua ânsia por alcançar solução para tão tormentosa realidade, bálsamo para as torturantes feridas que a vida havia impingido, inclemente, a suas almas.

Chegou o dia aprazado para o consórcio e a mansão dos Albuquerque de Sá fervia no ritmo da comemoração. Criados e escravos corriam com pacotes de presentes e compras, preparando a festa nababesca que se seguiria à celebração.

A condessa vestira-se com um traje que, por si só, era uma joia: cravejado da gola à barra com pequenas pérolas e cintilantes diademas. Seu chapéu transbordante de enfeites de cristal e vidrilhos ultrapassava em muito os limites do bom gosto e o conde, ao seu lado, parecia insignificante com sua cartola e seu fraque negro.

No quarto, Heloísa observava-se assustada ao espelho. Estava deslumbrante, num vestido de noiva rodado, com longa cauda de vaporoso cetim. Para as muitas mucamas e costureiras que enxameavam o aposento, fingia-se reservada e serena. Mas Rosário, a um canto, apavorada com a situação, adivinhava-lhe a angústia. A ida para a igreja era a única chance que teriam de escapar, o primeiro momento em semanas no qual Heloísa teria autorização para deixar o solar da família e divisar a liberdade das ruas.

Os passos para a grande escapada já estavam prévia e secretamente combinados, mas, agora que chegara a hora da realização, Rosário lutava para não revelar a ninguém o tremor que lhe assaltava os membros. Tudo o que ela pedia era que o medo não a paralisasse na hora aprazada. Teria que ter muita presença de espírito para manter a calma e auxiliar devidamente sua protegida.

Foi dominada por profunda angústia que Heloísa deu o braço a seu pai para seguirem até a carruagem que conduziria a família à igreja no centro da cidade. Em sua mente, persistia uma única imagem: o rosto sorridente de Gabriel, dando-lhe o apoio e o incentivo de que agora tanto precisava.

Na cela penumbrosa e úmida onde estava confinado com seus colegas de reclusão, Gabriel parecia pressentir os tormentos que assaltavam sua amada. No mais das vezes retraído e triste, decidido a usar o silêncio como escudo e arma, o jovem professor via-se assolado por uma agitação incontrolável que buscava, perigosamente, descambar para a fúria.

Perto dele, o grotesco Sebastião comia de uma tigela os restos de arroz e frango que haviam sobrado do almoço. O franzino Viriato roncava como um suíno em seu catre, buscando encontrar no sono a paz que a vigília lhe negava.

Gabriel sentia o ímpeto de agredi-los, ofendê-los, livrar-se daquelas presenças indesejadas que o claustro tornava compulsórias. Sua agitação beirava a loucura, pois estava a ponto de esmurrar com violência as paredes de pedra cinzenta até magoar sua carne e fraturar seus ossos, insensível à dor e às consequências.

A ponto de explodir, ele se imaginava arrancando as barras de ferro da porta e da única janela por onde espiava o pátio. Gostaria de poder torná-las armas mortíferas para atacar os guardas e ganhar o descampado lá fora, numa veloz carreira, de volta a sua antiga paz. Com seu íntimo dominado por despeito e mágoa, Gabriel sentia como se desmoronasse por dentro, via seus projetos e sonhos ruindo como Pompeia aos pés do Vesúvio, após a famosa erupção. Tudo em sua alma era rancor e ruína, tudo decepção, inconformismo, total desequilíbrio das faculdades e emoções. Desgraçadamente, ele adoecia, perdido em desvarios de revanchismo e em aguda claustrofobia.

Mas, no olho daquele furacão, permanecia seu único amparo, tanto espiritual quanto mental: a imagem daquela que iluminara sua vida e que se apossara eternamente de seu coração. Lá, em meio ao turbilhão e às chamas do desespero, permanecia Heloísa, uma flor de pureza e doçura, boiando incólume sobre um pântano sulfuroso de desencanto e desamor.

Se pudesse adivinhar onde ela estava, o que fazia, o que pensava... Se pudesse, por um instante, divisar-lhe o rosto, tocar-lhe as mãos, ouvir de sua boca adorada uma palavra que fosse, voltaria a ser o homem de antes e até mesmo o sofrimento pareceria ter algum valor.

Mas ele estava sozinho num cárcere sujo, inconsciente de que Heloísa seguia pelas ruas do Rio de Janeiro em direção ao altar. Lá onde o famigerado Otaviano a esperava, com as garras prontas para torná-la sua para sempre.

§

Quando a carruagem estacou diante da igreja já lotada, Heloísa dirigiu a Rosário um olhar determinado. Era o momento, a chance única que não podiam deixar escapar. A escrava suspirou, indecisa, a testa porejada de suor nervoso. Heloísa, percebendo-lhe a indecisão, transformou seu olhar em súplica.

Lá dentro da catedral, Otaviano parecia um príncipe, metido em um fraque de corte irrepreensível, reluzente de beleza, juventude e orgulho. Teria, enfim, a recompensa almejada, o tesouro precioso que por tantos anos cobiçara: o domínio sobre o corpo e a alma de Heloísa.

Nos bancos apinhados de convidados, a mais fina flor da sociedade carioca: empresários, nobres, comerciantes abastados, engalanados e cheios de pompa. Todos preparados para as mais requintadas núpcias que já se haviam realizado no Império do Brasil.

Lá fora, o cocheiro abriu a portinhola para a descida da noiva. O conde, a condessa e Rosário já a aguardavam do lado de fora e o pai, gentil, estendeu a mão para auxiliar a filha na descida do coche para a rua. Heloísa, entretanto, nem chegou a desembarcar. Limitou-se a mostrar o rosto e deu à sua dama de companhia a ordem definitiva:

—Vamos, Rosário! Agora!

Surpresos, o conde e a condessa não tiveram chance de reagir. Ficaram assistindo enquanto Rosário correu para o assento do cocheiro e, decidida, incitou os alazões empenachados ao trote.

A sege pôs-se em movimento depressa, mas Heloísa ainda teve tempo de gritar aos pais:

— Não me odeiem por isso, mas não pude trair a mim mesma!

Boquiabertos, os Albuquerque de Sá viram a carruagem dobrando a esquina a toda velocidade, levando sua filha única para um lugar desconhecido. Estava fragorosamente destruído o vantajoso casamento que, com tanto esmero, haviam arranjado.

ೞ

A trágica notícia chegou aos ouvidos de Otaviano por obra do próprio conde Albuquerque de Sá. Envergonhado, gaguejante, o velho sussurrou aos ouvidos do sócio uma descrição do que ocorrera à entrada do santuário.

Otaviano sentiu um calor extremo invadindo-lhe a fronte. Preferia morrer a passar por tal afronta diante de todos os conhecidos, parentes, bajuladores e subordinados que ora apinhavam a catedral. Mas o vexame foi inevitável. Ele se postou no último dos degraus do altar e, dirigindo-se à assistência, informou com secura:

— Não haverá mais casamento. Voltem para suas casas!

O rapaz, então, percorreu o que lhe pareceu o percurso mais longo que já trilhara na vida: atravessou o corredor central da nave, sob as centenas de olhares de pasmo e comiseração que lhe eram dirigidos de todos os lados. Um murmúrio surdo percorria os bancos do templo e não demorou para que começassem a espocar os risos de chacota e as exclamações maledicentes. Uma completa e irremediável vergonha que atingiu-lhe o orgulho qual adaga gotejante de fel.

Ao adentrar o solar dos Moura Ferraz, Otaviano assumia as feições desumanas que o ódio confere ao rosto dos homens. Músculos retesados, lábios secos, dentes à mostra, pupilas dilatadas pela fixação em pensamentos mórbidos, cabelos eriçados de fúria. Um quadro melhor explicado quando recorremos a metáforas simples: Otaviano parecia um cão raivoso, acuado e prestes a atacar.

Ao entrar na sala de estar, seu primeiro impulso foi quebrar os móveis: destruir cadeiras e copos, espatifar vasos de porcelana contra a parede, descontar nos objetos de valor sua desdita. Mas extravasar sua agressividade em algo inanimado pareceu-lhe pouco. Precisava de sangue para aplacar a sede de revanche que o acometia. Foi ao pátio externo e apanhando num gancho o chicote de pontas de ferro, divisou consolação para a humilhação que lhe fora imposta. Como era de hábito, descontaria sua infelicidade na pele dos negros de que se julgava dono e senhor.

Na senzala, escolheu ao acaso sua vítima, um pobre escravo que nada fizera para merecer castigo. Apesar dos protestos dos outros cativos, arrastou sua presa para o pelourinho, amarrou-o às pressas e, cego de fúria, pôs-se a supliciá-lo.

Ao ouvirem os berros, os dois capatazes vieram descobrir o que ocorria. Surpreenderam-se por ver o patrão dedicado a aplicar aquela sova cruel, ainda trajado com seu fraque irrepreensível e suas polainas. Não ousaram perguntar sobre a cerimônia de casamento, deduzindo o fracasso da celebração, mas, cientes do afeto que os negros da senzala dedicavam ao supliciado, tentaram intervir:

— Que foi que o Simão fez de errado, patrão? — indagou Zaqueu.

— Deixe que nós mesmos cuidamos do castigo — propôs Jeremias, na esperança de que o patrão interrompesse as incontáveis e violentas lambadas.

Mas de nada adiantou a intervenção. Otaviano não ouvia. Colocava nos braços a força de toda a sua ira e, golpe após golpe, arrancava do corpo do escravo o sangue inocente, pondo-lhe em risco a própria vida.

※

Quando o pobre Simão foi devolvido à senzala, ensanguentado e alquebrado de dor, os escravos se puseram em grossa polvorosa, sedentos por reparação, ansiosos por uma pronta vingança. Tiveram que ser todos postos a ferros para evitar a eclosão de uma revolta.

Otaviano já dormia, agitado, febril e exausto, no sofá da sala de estar. Era presa de uma espécie de transe onde se misturavam seus próprios rancores e influências perniciosas que advinham do além.

Bem perto dele, em agitação semelhante, estava a figura fantasmagórica cujo rosto se ocultava por um véu. Em intensa conexão mediúnica, ela fazia questão de espezinhar ainda mais a alma ferida e desonrada daquele a quem vivia para obsediar:

— Tiveste o que querias, Otaviano? — gritava o espectro, com sarcasmo. — Acaso não te alertei para que te afastasses da maldita Heloísa? Ela nunca te amou, nunca se preocupou de fato contigo. De todos os seres do universo, só eu, meu querido, só eu velo por ti! Por que, então, tu me renegas? Por que desprezas a paixão que já há tantos anos te dedico? Por que impinges a teu próprio ser este sofrimento infindo? Sabes que não tens outro caminho senão aquele que te leva aos meus braços? Desiste, meu amado, de lutar contra teu destino! És meu! Sempre serás! Dentre todas as verdades da Terra, a mais sagrada é este amor infinito que nutro por ti. Por que não desistes de o renegar? Por que não te abandonas ao teu destino, que sempre foi e sempre será igual ao meu?

Sobre as almofadas de veludo lustroso, Otaviano sofria, gemia entre a vigília e o sono, estremecendo sob a intensidade da ligação fluídica que o atingia do plano etéreo.

A parte de sua mente que permanecia lúcida só conseguia focar um pensamento único:

— Vingar-me-ei! Ainda que me custe a própria vida. Vingar-me-ei!

21
Primeiro destino

Açulando os cavalos, aflita, utilizando toda a força de seus frágeis braços, Heloísa conseguiu conduzir a carruagem até os bairros mais afastados do centro do capital, acabando por chegar ao bairro pobre onde viviam Antonio e Tomé.

Dentro do coche, a boa Rosário viu-se presa da mais profunda angústia: sabia que, se fossem pegas, a primeira a sofrer as consequências seria ela. Otaviano não relutaria em ordenar que a chicoteassem até a morte, jogando-lhe sobre os ombros o peso da responsabilidade pela fuga de sua jovem protegida. Ao avistar pela janela da condução as casas humildes da região onde nascera, seu temor ampliou-se sobremaneira. Julgou que Heloísa, ingenuamente, estivesse se dirigindo para a pobre moradia de seus parentes amados. Ora, parecia-lhe claro que seria ali o primeiro local onde Otaviano procuraria sua noiva foragida. Seria apenas uma questão de tempo para que o vilão as encontrasse e as arrastasse para o castigo.

A carruagem, entretanto, não foi conduzida na direção que a afligia. Para seu espanto, Heloísa tomou o caminho oposto, adentrando por longa alameda sombreada por eucaliptos.

Aonde iria sua patroa agora que estavam desamparadas e sós, sem possibilidade de recorrerem ao auxílio de quem quer que fosse? Todos os seus antigos conhecidos estavam diretamente ligados aos Albuquerque de Sá e não hesitariam em entregá-las aos cuidados do conde, responsável primeiro pelo bem-estar e segurança de uma mocinha que a sociedade, a esta altura, já tachava de doida.

Era assim que o vulgo encarava o caso: uma senhorinha, mal saída da puberdade, que desprezara os desejos paternos e abrira mão de um casamento seguro para se atirar a uma fuga irrefletida em direção a um futuro incerto, só podia ter perdido a razão. Um passo certo, segundo se pensava, para a perda da honra. As más línguas já se prontificavam a prever-lhe um futuro sórdido, na solidão das ruas, na dissolução moral dos lupanares, na indigência ou, quiçá, nos asilos de alienados.

Segundo a visão corrente, uma dama desgarrada da família só teria um destino: a degradação.

୨୧

A condução estacou enfim, diante de uma casa térrea, rústica, mas aconchegante, rodeada de arbustos e plantas verdejantes. Ficava numa estradinha de terra, próxima a algumas chácaras e sítios, bem distante da agitação fervilhante dos bairros centrais ou à beira-mar.

Rosário desceu do coche, atordoada. Olhava em volta, tentando descobrir para onde a ousadia de Heloísa as tinha levado. Até mesmo ela se sentia insegura para aprovar o acerto das atitudes intempestivas de sua senhora. Almejava entender os planos que a moviam, mas temia que, no fundo, Heloísa estivesse agindo como um indefeso pássaro ao encontrar-se atacado por feroz gavião. Cego de pavor, ele voaria a esmo, incapaz de escolher a melhor rota ou de evitar os obstáculos que, inevitavelmente, se apresentariam diante de seu frágil corpo. Estaria Heloísa assim: perdida, voando sem rumo, agarrando-se à liberdade como último recurso, qual náufrago que se debate furioso, antes de afundar no tormentoso mar?

Heloísa desembarcou do coche e se aproximou de Rosário. O medo que sentia era evidente e estampava-se-lhe nos olhos, mas ela se esforçava para manter a compostura.

Para uma pessoa desavisada, a cena seria surpreendente e até mesmo risível. Que fazia aquela linda rapariga, trajando imaculado vestido de noiva e um véu esvoaçante, postada naquela estrada erma, batida pelo vento cálido da tarde?

Apesar da angústia que deixava trêmulos seus frágeis dedos, Heloísa alçou a voz, determinada:

— Anda, Rosário, tira do rosto esse ar de espanto. Fizemos o que estava acertado. Não me arrependo de ter optado por continuar dona de minha vida.

Uma lágrima escorreu pela negra face da escrava.

— Mas para onde iremos, filha? Que faremos, tu e eu, com essa liberdade que não passa de aparência? Pois se somos fugidas as duas! Se não podemos mais aparecer aos olhos daqueles em quem confiávamos, sob pena de voltarmos para o mesmo cativeiro de antes? Que liberdade, afinal, é esta? De que nos valerá se nos afasta de nossos familiares e amigos? Se nos torna fugitivas para sempre?

— Antes viver fugindo do que perder o bem mais precioso de nossas vidas. Estamos livres, Rosário! E haveremos de resgatar nossa dignidade, nosso direito de ir e vir aos olhos de todos, como pessoas normais e honestas que somos.

— Mas quem nos acolherá, Heloísa? Onde dormiremos? Com que dinheiro supriremos nossas necessidades?

— Acalma-te. Um passo de cada vez. Já tenho tudo raciocinado e decidido. Por hoje, pernoitaremos aqui.

Rosário olhou intrigada para a casa rústica diante da qual estavam postadas.

— Mas de quem é esta moradia? É de alguém que eu conheça?

— É a casa onde vivia Gabriel. Por ora, Otaviano não pensará em nos procurar aqui.

༄

Atirado sobre uma poltrona, com um livro aberto repousando sobre o ventre, o velho Rodrigues dormitava, num raro e fugaz momento de descanso. Desde a prisão de seu amado filho, descuidara-se de si mesmo. Ele que sempre fora tão garboso, mesmo em idade avançada, acusava agora no rosto e no corpo os sinais do envelhecimento.

Entregue à dor, decepcionado com os rumos que tomara a vida de seu herdeiro — aquele que tinha como o bem mais precioso que já aquinhoara —, Rodrigues se via agora diante de uma total inércia, de uma falta de ânimo e fé que, em muito, diferia do comportamento que sempre abrilhantara seus passos, tanto na carreira militar quanto em seus contatos sociais. Ele era agora a sombra do coronel engalanado de outrora, quando encantava a todos com seu uniforme lustroso e seu altivo porte. Alquebrado e só, já não se alimentava direito há semanas. Metido num pijama puído, calçando velhos chinelos, com a barba descuidada a ocultar-lhe o viço antigo do bigode impertinente, tornara-se uma sombra do que fora no passado.

Sobre a poltrona, jazia agora um ancião, figura pálida e frágil que as horas só faziam definhar a conta-gotas. Esperava a morte tristemente, resignado e silencioso, recusando-se até mesmo a pensar demais.

Suas mais caras esperanças sempre se depositaram no filho. Gabriel era tudo o que dava sentido e calor à sua existência. Viúvo e afastado de seu mister como comandante de tropas, espelhava no rapaz todo o vigor e garbo de sua mocidade. Almejava que ele fosse o continuador de seus ideais e sonhos. Tinha-o como maior orgulho, fruto de sua carne, discípulo de seus códigos de ética, sucessor de suas ambições e herdeiro de seus ensinamentos e conquistas.

A prisão do filho único e amado fora pior do que uma doença, invadindo-lhe a mente e o corpo de forma tão profunda e perniciosa que só a morte parecia-lhe capaz de curar a incômoda ferida que se lhe imprimira na alma. Em tempo algum adivinhara que o destino lhe reservasse aquele ocaso melancólico. Por toda a vida, otimista e calmo, esboroavam-se-lhe todos os alicerces da razão e do sentimento ao descobrir-se o ignomioso pai de um assassino. Amigos de outrora se afastavam, vizinhos toleravam-lhe a presença à distância, sem demonstrar agora as atenções e gentilezas de outrora. Rodrigues fora encarcerado junto com seu amado filho na incompreensão social, no descaso e no abandono.

Sua senilidade avançaria galopante, solapando-lhe definitivamente o brilho mental e as forças. Seu descaso com a própria higiene e bem-estar acelerariam esse processo de degenerescência, tornando-o em breve um ser absolutamente indefeso, braços e peitos abertos para uma morte sórdida, isenta de paz ou dignidade. Mas a mão do destino, orientada pela vontade imaculada e santa de Deus, mostrou-se enfim benevolente e abrandou seus golpes sobre a vida daquela desamparada criatura.

Despertando assustado de seu conturbado sono, o velho ouviu pancadas insistentes na porta frontal. Com dificuldade, equilibrou-se sobre as fracas pernas e atravessou a sala, piscando os olhos para se acostumar com a luz. Ao abrir a porta, qual não foi seu espanto: ali estava postada uma figura saída de um conto de fadas. Talvez fosse um anjo que, descendo dos céus, viera para lhe trazer a tão sonhada paz.

Ofuscado pela imagem inesperada, Rodrigues deu um passo atrás, certo de que delirava. Mas não. Seus velhos olhos não o traíam. Ali estava uma jovem de radiosa beleza, com cabelos negros e sedosos desabando sobre ombros esculpidos a cinzel, o rosto lindo emoldurado por diáfano e romântico véu, o corpo pleno de juventude coberto por imaculado vestido branco. Aos olhos de um desavisado, pareceria de fato que um espírito de luz abandonara por instantes os planos elevados da perfeição e materializara-se diante daquela soleira. De certa forma, isso não deixava de ser verdade. Heloísa vinha em busca de ajuda, mas seu coração generoso e pleno de amor estava também pronto para servir e auxiliar.

22
A visita

Aproximava-se o final da tarde e um agrupamento de presos caminhava a esmo pelo pátio do presídio, aproveitando os últimos raios do sol.

Gabriel, encostado a um muro de pedras, observava o poente com aguda melancolia. Trajando um uniforme cinzento, o único bem pessoal que lhe cabia na solidão do cárcere, apresentava-se magro, pálido, com uma barba por fazer há semanas, sujando-lhe os traços harmoniosos do rosto. Mais velho em aparência e na alma, o rapaz remoía a imposição que o destino lhe fizera, atirando-o a um castigo sem trégua a despeito de sua total inocência. Incapaz de compreender a justiça maior da Criação, que leva em conta todas as encarnações pregressas, Gabriel atinha-se ao fato de nada ter feito de errado na presente existência e, limitado por essa visão estreita, sentia-se traído pelos homens e pelo universo. O rancor e a solidão faziam seu serviço, destruindo as poucas alegrias que ainda resistiam em sua lembrança. A falta de perspectivas e fé nublavam a parca luz que ainda iluminava-lhe a alma.

O gentil professor de outrora dava lugar a um homem embrutecido e raivoso, pronto a descontar no mundo à volta e em si mesmo as suas insatisfações e desassossegos.

Alguns presos pareciam entender a desgraçada vida do cárcere como remédio amargo para suas doenças de conduta, corretivo rigoroso, mas eficaz para seus erros do passado. Arrependidos e decididos a melhorar, tais homens aceitavam sua desdita de fronte erguida, descobrindo a justiça sob a crueza do dia a dia, contando os minutos para o cumprimento de suas penas, sonhando em se reintegrar à sociedade onde, inaugurando nova vida, poderiam enfim recomeçar. Mas, para Gabriel, a ausência de um sentimento de culpa, de um claro motivo para sua desdita, tornavam inócuos os argumentos de que a pena é necessária para minimizar as faltas. Estava seguro de que nada tinha feito de errado. Sem ter do que se envergonhar ou esquecer, só enxergava a injustiça, só remoía queixas, só conseguia ver como infindos os dias de encarceramento que ainda teria pela frente. Sua alma deixava-se tomar por um amargor sem freio, uma revolta sem consolo, uma depressão que progredia inclemente, qual doença maligna a corroer os órgãos de um moribundo.

A cada dia, o professor sentia-se mais desamparado e só. Seis meses já se haviam passado e sua doce Heloísa não lhe enviara uma carta, uma notícia. Claro que podia compreender as dificuldades de uma mocinha para contatar-se com um proscrito, mas, ainda assim, não deixava de ressentir-se do abandono. Amigos ali, não os tinha. Sua educação refinada, seus nobres valores, sua digna mocidade, outrora cheia de viço, tudo o afastava dos homens que infestavam aquele local de expiações e dores. Pouco falava, com ninguém se abria, evitava ao máximo expor seus pensamentos ou angústias. Nem mesmo com os companheiros de cela — o negro Sebastião e o franzino Viriato —, conseguia trocar mais do que poucos murmúrios, apenas o extremamente necessário para prosseguir adiante.

Até quando conseguiria? O ódio rondava-lhe a mente. Temia descontar com fúria os dissabores que sentia. A cada instante, sentia mais gana de se meter em rusgas com os outros presos. Implicava com o rosto de um, com os olhares de outro, segurava-se para não se meter em disputas estéreis. Até ali, os outros homens adivinharam-lhe a cólera e evitaram provocá-lo, cientes de que não se deve provocar com vara curta um animal ferido. Mas, infelizmente, o desequilíbrio de emoções e pensamentos é regra em tais locais. Um dos presidiários resolveu, naquela tarde triste, experimentar seus limites e pô-lo à prova. Começou pedindo um cigarro, mesmo sabendo que o jovem não fumava. Então entrou a perscrutar os motivos que haviam levado o rapaz ao cárcere. Questionou o crime, insinuando que Jonas, o líder trabalhista morto, havia de fato atentado contra a honra da mulher que Gabriel amava. Maldoso, o prisioneiro afirmou que, mais do que atacá-la à traição, Jonas estivera cobrando o afeto que ela já lhe havia entregue em furtivas traições.

Gabriel permaneceu quieto enquanto o desconhecido desfiava suas provocações e calúnias. Nem mesmo sabia-lhe o nome. Não compreendia que prazer ele teria em fustigar-lhe assim a paciência. Tentou a todo custo manter a calma, mas, quando o inconveniente colocou em dúvida a correção moral de sua amada, Gabriel não pôde mais se conter: partiu para cima do infeliz, cobrindo-o de socos e pontapés.

Num átimo, abriu-se uma clareira no pátio. Os rudes prisioneiros, em círculo, brutalmente gritavam e torciam, transformando a cena agressiva em deleitosa diversão.

Gabriel teria desancado o infeliz de tanta pancada se os guardas não interviessem, arrastando-o do local como fariam a um cão raivoso. Acusado de mau comportamento, o professor foi colocado cara a cara com aquele que mais temia ali dentro: Donato, o rude chefe dos carcereiros, homem desprovido de moral ou de escrúpulos, que gratuitamente odiava-o, ressentido de seu passado de honestidade e cultura.

Donato olhou Gabriel de alto a baixo, com desdém.

— Por que começaste a briga? — inquiriu sombrio, entredentes.

— Não fui eu! — defendeu-se Gabriel. — Foi aquele homem que nem mesmo conheço. Que direito tem ele de questionar meu passado? De pôr em dúvida minha inocência?

O carcereiro, maldosamente, riu.

— Pensas ser o único aqui dentro a se dizer inocente? És apenas um número dentre tantos. Um bandido sem direito a nada senão uma cela suja e umas lambadas. Um bicho entre outros bichos. É tudo que és.

— Sou um homem! — afirmou Gabriel, veemente. — E exijo respeito!

O carcereiro respondeu acertando o rosto do jovem com uma firme bordoada de cassetete. A dor e a vergonha dominaram no ato o corpo e a mente do prisioneiro.

— Pensas que és algo mais do que os outros cá dentro? — gritou Donato, com violência. — Só porque estudaste e tiveste uma vida de rei, julgas ser melhor do que teus companheiros? És tão sujo e perverso quanto eles, desgraçado! És um assassino!

Gabriel não retrucou. Estava mortalmente ferido, não na carne, mas na alma. Humilhado, arrasado, só pensava na morte. A ideia do suicídio entranhava-se-lhe na alma.

Donato ordenou que Gabriel fosse jogado à solitária para evitar que criasse mais encrencas. Ali, num buraco claustrofóbico, sem espaço suficiente para esticar o corpo e sem luz, Gabriel dedicou-se a pensar em seu próprio fim com o apreço e a volúpia de um apaixonado. Se já não tinha Heloísa, seu único e verdadeiro amor, se já não possuía a liberdade que tanto prezava nem o trabalho que o dignificava, nem a companhia do pai amado ou dos amigos de outrora, o que restava senão desejar um termo para seus pesares? Obsessivo, ele bordava com o fio de sua dor uma teia intrincada, prendendo-se cada vez mais tenazmente ao projeto sinistro de perpetrar a própria morte.

❦

No negrume da solitária úmida, as horas escorriam sem que o pobre Gabriel Rodrigues pudesse contá-las. A perda da noção de tempo é o maior dos terrores para os que se acham atirados ao tormento desse tipo de clausura. Apenas os pensamentos são companheiros para as dores do corpo e da alma. E fustigando qual chibatadas, eles só ampliam como num eco os pavores, a angústia, a certeza de não poder suportar mais um dia naquele inferno.

Para o jovem professor, uma eternidade já se havia passado. Ele dormia, acordava, confuso entre a vigília e os sonhos. Quando a fome se tornava insuportável, mastigava a comida intragável que, vez ou outra, empurravam para dentro da cela por uma portinhola rente ao chão.

Em comparação com a solitária, a morte ia lhe parecendo cada vez mais convidativa. Nela, já não sentiria o frio e o medo que agora o fustigavam. Nela, deixaria para trás os sofrimentos e a humilhação. A ela, entregar-se-ia de braços abertos.

Foi então que um clarão ofuscante atingiu-o em cheio no rosto. Um guarda havia aberto a porta da cela e os raios de sol invadiam o cubículo.

— De pé, prisioneiro! — ordenou ele, puxando Gabriel pelo braço.

Ainda cego por conta da claridade, Gabriel lutou para equilibrar-se sobre as pernas. Era tempo de voltar para sua cela e seguir em seu martírio. Ou dar cabo dele para sempre.

A noite mal começava, mas Gabriel encontrou seus dois companheiros de cela profundamente adormecidos. Julgou que isso fosse um auspicioso prenúncio para o que pretendia executar. Silencioso, escreveu com um toco de lápis o bilhete fatal que iria relegar à amada e que se encerrava com a mais triste despedida:

A alegria de ter te conhecido é o único bem que levo da vida.

Mal sabia ele que a vida ainda lhe reservava muitas surpresas. Pois, assim que se sentou a um canto para esperar a madrugada, propícia para que partisse, enfim, para a paz do desconhecido, o guarda voltou com uma inesperada novidade:

— Anda lavar o rosto e te pôr mais apresentável, rapaz. Tem visita para ti.

◈

Qual não foi a emoção de Gabriel ao adentrar o aposento de paredes cinzentas onde eram realizados os encontros dos encarcerados com os visitantes do presídio. De pé, junto a uma grande mesa de madeira tosca, estava seu pai, o velho Rodrigues, com o rosto corado e bem aquinhoado, os cabelos aparados à moda militar como ele gostava nos velhos tempos, os olhos brilhantes, os traços rejuvenescidos indicando saúde física e mental.

Assim que os olhos de ambos se encontraram, a emoção tomou conta de seus corações. Rodrigues abriu seus velhos braços para acolher ao peito o filho adorado. Gabriel, atirando-se ao encontro do pai, não pôde conter as lágrimas. Pensava que ele estivesse morto, ou pior, que o renegara definitivamente, pois que jamais lhe fizera visitas desde que fora colocado a ferros.

— Meu pai! Quanto tempo sem ter notícias tuas! Pensei que me tivesses abandonado.

— Jamais, meu filho querido. Nunca deixei de pensar um instante que fosse em ti.

O guarda que vigiava as visitas permitiu por alguns instantes aquele arroubo familiar de afeto, depois ordenou que se sentassem para a palestra.

Rodrigues, recompondo-se da forte emoção que o tomava, depositou sobre a mesa um embrulho.

— Trouxe-te um presente.

— Tua presença é o maior presente que poderias me dar. Destrói a ilusão de que eu já não tinha mais nada no mundo em que me apoiar.

— Estou certo de que o que trago te deixará ainda mais forte, filho de minha alma. Mas, antes que desvendes o que trouxe, deixa-me esclarecer tudo o que se passou nesses meses e o motivo pelo qual não pude te dar notícias de mim e dos que te amam.

Gabriel enxugou as lágrimas que ainda lhe banhavam as faces e, sentando-se diante do pai, pôs-se a escutar com o coração aos pulos a narrativa de tudo o que acontecera além daqueles muros de pedra, no mundo que ora lhe parecia tão distante.

23
Vida nova

Rodrigues sabia que seu filho tinha, antes de qualquer outra preocupação, o ensejo de ter notícias de Heloísa, portanto não demorou a falar da gentil donzela.

— Heloísa está bem, com saúde, e só não digo que é novamente feliz porque sofre muito com tua ausência. Dia após dia, pensa em ti e reza por teu bem-estar.

— Ela foi forçada a casar com o torpe Otaviano de Moura Ferraz, aposto.

— Estás errado. Por amor a ti, Heloísa fugiu, abandonou os pais, a riqueza e a segurança. Segue solteira e diz que assim ficará até poder unir-se a ti.

Uma alegria incontida corou o rosto de Gabriel. Sua amada esperava por ele, compartilhava à distância do afeto sem fim que ele por ela nutria.

— Conta-me mais, meu pai, conta-me tudo. Por que então não tive a menor pista do que ocorrera a ti e a ela? Julguei que este presídio tinha me alijado para sempre de vós e que a solidão seria minha única herança.

Rodrigues explicou que o sumiço se dera por uma questão de segurança. Depois de fugir ao casório que lhe fora imposto, Heloísa sabia que Otaviano tudo faria para persegui-la e conseguir vingança. Era preciso que aqueles meses de silêncio o demovessem de seus escrutínios. Deviam sumir no mundo sem deixar rastros. E foi isso que ele, Heloísa e Rosário fizeram, não sem antes acrescentarem ao grupo a companhia do velho Antonio e do pequeno Tomé.

— Fugiram todos juntos? Mas para onde? Quem lhes deu guarida?

— Tu te lembras do doutor Euzébio Cardoso, pois não?

Como Gabriel haveria de esquecê-lo? O médico que socorrera Tomé após o acidente e que era conhecido na cidade por seus atos de benemerência.

— Depois que Heloísa me procurou, acompanhada de sua ama Rosário — continuou Rodrigues, com animação —, tivemos a ideia de procurar aquela santa criatura. Não tínhamos a quem recorrer e ele sempre foi considerado um sábio conselheiro para aqueles que se julgam perdidos ou desenganados, como então estávamos. A providência foi eficaz, pois que o doutor compreendeu a gravidade do caso e, generoso como é, deu-nos toda a assistência.

O velho militar contou que o médico os escondeu em um terreno de sua propriedade, um sítio na região de Petrópolis. Disse que lhe estariam fazendo um favor, pois o local andava abandonado e precisava de quem cuidasse do jardim e zelasse pela casa. Era óbvio que tal justificativa não passava de desculpa para uma ação desinteressada e benevolente. Eles, para sempre gratos a tal benfeitor, aceitaram se tornar zeladores da pequena fazendola. Com o tempo, o trabalho deles ali frutificou. Nos dias que correm, a terra já produz uma boa safra de hortaliças. E Rodrigues, pessoalmente, cuidou de reformar o sobrado que, sobre uma elegante colina, coroa aquele reduto de segurança e paz. Além de cuidarem da horta, fizeram com que o local se tornasse um centro de caridade, bem ao estilo do nobilíssimo proprietário. Heloísa, seguindo o exemplo do próprio Gabriel, dá ali aulas gratuitas para as crianças pobres da região, instrui-as nas primeiras letras, dá-lhes lições de matemática, prepara-as para um futuro melhor.

Gabriel se emocionou novamente ao descobrir que sua prometida tornara-se, como ele, uma professora dos carentes. Aquela, pelo visto, era uma missão comum que partilhavam nesta existência.

— Estamos bem e em segurança, filho. E queremos que saibas que não importa o tempo que permaneças aqui confinado. Sempre estaremos contigo em pensamento, compartilhando assim a carga de teu infortúnio.

— Pai, sou inocente. Tu o sabes, não é?

— Jamais desconfiei de ti por um momento que fosse.

— Pensei que me julgavas culpado e que, por isso, não vinhas me ver.

— Você foi vítima de um ardil, filho meu, bem o sei. E, se um dia encontrarmos meio de o desfazer, esteja certo de que o faremos.

Rodrigues segurou a mão do filho com força, pois o guarda já se aproximava, decidido a finalizar a visita.

— Aconteça o que acontecer, nunca mais duvides da confiança e do amor que eu e Heloísa depositamos em ti. Que este amor te dê forças para sustentar tua cruz e seguir adiante.

Quando Rodrigues saiu, acompanhado de um oficial do presídio, Gabriel mais uma vez chorava, mas agora de felicidade. A esperança renascera em seu coração.

༄༅

Ao chegar à cela, conduzido pelo guarda fardado, Gabriel correu a abrir o singelo embrulho que seu progenitor trouxera. Os barbantes estavam frouxos, pois a segurança do local já devia ter revistado o conteúdo. Ali estavam dois livros: "O Livro dos Espíritos" e o "Evangelho Segundo o Espiritismo", ambos peças fundamentais da obra do codificador da terceira revelação, Allan Kardec.

Como não fosse espírita, Gabriel estranhou a escolha dos títulos, mas tudo se esclareceu quando pôs-se a ler o bilhete que acompanhava os volumes. Era uma cartinha com um sutil e adorável perfume, escrita à pena pelo próprio punho de sua amada. Cada palavra ali grafada funcionava como um bálsamo para sua alma, um conforto para as feridas interiores que o magoavam, uma gota de doce ventura no amargor de sua presente existência. Os companheiros de cela, adormecidos, não lhe presenciaram as lágrimas, algo que o constrangeria, e ele pôde entregar-se sem reservas à intensidade emocional que o assaltou durante aquela leitura.

O bilhete assim principiava:

Gabriel, meu amado, luz de minha existência:
Distância alguma pode apagar a força do que sinto por ti. Cada dia de minha vida, cada alento de meu peito, dedico ao meu amor por ti.
Imagino tuas dores e padecimentos, meu querido, tua revolta sem fim, mas peço-te que mantenhas a calma e a esperança. Se não por ti mesmo, que seja então por mim.

Guardar-me-ei pura e casta o tempo que for preciso e ainda que nos encontremos apenas no mundo dos espíritos, além dos dissabores da carne, ainda estarei reservando para ti todo meu sentimento, cada pétala de minha alma, todo meu ser.

O bilhete prosseguia, apaixonado e doce, narrando por entre as juras de amor, tudo o que naqueles meses de separação se passara.

Por influência do nobilíssimo doutor Euzébio, Heloísa conseguira encontrar não só segurança e guarida, mas uma verdadeira revolução íntima. Ele lhe apresentara as bases do Espiritismo, mostrara-lhe como a fé pode ser raciocinada. Lendo as obras de Kardec, Heloísa encontrara um esteio para seguir adiante apesar dos impropérios do destino. Sentia-se de novo forte, confiante, pronta a tudo enfrentar em nome do bem e do amor. O mesmo acontecia com o pai de Gabriel, Rosário, Antonio e Tomé. O menino, que a todos preocupava com uma saúde sempre frágil, demonstrava aguda sensibilidade e inteligência. Heloísa, maternal, adotara-o como seu afilhado e, desde já, pedia a Gabriel que também apadrinhasse aquele serzinho indefeso que tanto sofrera, mas que agora renascia cada vez mais fortalecido naquele local de paz onde ora viviam. Com ele, as outras crianças da região aprendiam não só as letras e os números. Além da cultura, ela tentava incutir-lhes valores. Todas as tardes, liam um capítulo de um daqueles livros com que ela o presenteara. Discutiam as mensagens e conceitos e, à luz da racionalidade, desvendavam os mistérios de Deus e da vida antes e após a morte.

Gabriel admirou-se por ver o quanto o Espiritismo estava ajudando sua amada e prometeu a si mesmo dar uma chance àqueles conceitos que sempre lhe pareceram tão exóticos. No dia seguinte mesmo, principiaria a leitura dos livros. Mas antes tinha algo importante a fazer.

Ele recolheu o bilhete de suicídio que antes escrevera e, agora, envergonhado de sua fraqueza e grato por ter sido salvo no último instante, rasgou-o. Aquela era a primeira lição que tinha do mundo dos espíritos: ainda que tudo pareça perdido, não devemos nunca desistir da luta. Sempre haverá uma nova chance, uma luz para quem crê e persiste. Mesmo na maior escuridão, há luz, pois ela não brilha do exterior, mas no âmago de nossos corações onde habita a fé.

Renovado, Gabriel adormeceu em seu catre, abraçado ao bilhete da amada e aos livros que ela, com tanto amor, enviara para sua salvação.

24
Uma sombra que avança

Ao sair do presídio, com a alma revigorada após o reencontro com o filho amado, Rodrigues dirigiu-se a um coche que deixara parado à esquina. Assim que ele deixou os portões de ferro e seguiu alguns passos, uma sombra moveu-se de dentro do pátio e, sorrateira, pôs-se a segui-lo. O vulto era do guarda que o acompanhara na visita e que, assim que o soubera visitante de Gabriel, pedira a um superior uma pronta dispensa.

O homem, de avantajada estatura e semblante sinistro, teve cuidado para que o perseguido não o notasse. Assim que pôde, tomou as rédeas de um cavalo que, amarrado a um toco, pastava as ervas da beira da estrada.

O pai de Gabriel, alheio ao perigo, tomou uma larga picada de terra que levava ao centro da cidade e, de lá, pôs-se a caminho de Petrópolis, viagem longa para os padrões da época. Durante parte da noite, ele seguiu por caminhos íngremes e tortuosos, parando perto da meia-noite em uma estalagem para restabelecer as forças. Quando prosseguiu viagem, logo ao amanhecer, seu perseguidor continuava por perto. Dormira ao relento, coberto por uma manta, à espera de desvendar o trajeto tomado por seu alvo.

Quando Rodrigues chegou enfim ao sítio, foi recebido com ansiedade e alegria pelos que ali residiam. Heloísa liderou a fila dos cumprimentos, sedenta por notícias de seu amor.

— Gabriel está bem — prontificou-se a informar o velho.
— É forte, puxou ao pai.

— Conte-nos tudo sem demora — implorou a dama, secundada por Rosário, Antonio e Tomé.

— O pobre está mais magro, não nego, corroído de saudades, mas está vivo e sentiu-se renovado ao receber notícias nossas. Seus sentimentos por ti, Heloísa, continuam mais vivos do que nunca.

Ela não se conteve e pôs-se a chorar.

— Quisera ter ido pessoalmente para vê-lo. A saudade me tortura, oprime minha alma.

Mas ela bem sabia que seria arriscado demais mostrar-se no Rio. Algum conhecido de seu pai ou de Otaviano poderia vê-la e, então, adeus liberdade.

— Venha, senhor Rodrigues — disse ela, prestimosa, contendo as lágrimas com coragem. — Far-lhe-ei um bom chá, pois a viagem foi longa.

— Também não convém deixar Tomé por mais tempo de peito aberto aqui neste sereno — completou Rosário, protegendo o filho adotivo com os braços.

— Ele melhorou da tosse? — perguntou Rodrigues enquanto entravam.

— Um pouco. O xarope receitado pelo doutor Euzébio há de ajudar — respondeu a escrava liberta, zelosa do bem-estar de seu frágil protegido.

Quando o grupo entrou no sobrado que graciosamente ornava o terreno do sítio, o guarda do presídio, sempre à espreita, oculto atrás de uma espessa vegetação, abriu um largo sorriso.

— Achei-te, mocinha. Já não era sem tempo! — disse consigo.
— O senhor Moura Ferraz há de se regalar com a novidade.

✥

Ao depositar um grosso maço de notas nas mãos do guarda previamente contratado como vigia, Otaviano sentia-se nas nuvens.

— Eu sabia! — exclamou, exaltado. — Mais cedo ou mais tarde, alguém viria visitar aquele biltre.

— Foi bem como o senhor previu. O pai do prisioneiro mostrou-me o caminho para onde se esconde a moça da qual me falaste.

— Heloísa... — murmurou a peste, com volúpia. — Minha futura esposa enfim reaparece!

E, acompanhando o homem até a porta da mansão, foi categórico:

— Agora que me deste o endereço que eu tanto almejava, esquece-te de tudo o que sabes a respeito desta história. Embolsa esse dinheiro e não dês ao prisioneiro nenhuma pista do que ocorreu. Quero que ele sofra ao descobrir que, após uma visita que deve tê-lo enchido de esperança, tudo voltou ao meu controle. Mas prefiro que saiba por mim. Eu mesmo hei de ir visitá-lo assim que estiver consumado meu matrimônio. Esfregar-lhe-ei na cara minha santa aliança e, desse dia em diante, sei que poderei deixar de me importar com sua incômoda existência para sempre.

— Farei como o senhor ordena. Gabriel de nada saberá.

— És um bom soldado. Parabéns por ter se desincumbido tão bem de tua tarefa. Agora vá.

O homem partiu, deixando Otaviano ali, com os olhos brilhantes de satisfação.

༺༻

Naquele dia mesmo, o implacável Moura Ferraz preparou-se para seguir em direção a Petrópolis, acompanhado dos capangas Zaqueu e Jeremias.

Lá no sítio distante, alheia a todo o perigo que voltava a lhe rondar a paz, Heloísa fazia o que mais lhe dava prazer desde a partida do Rio e de seu estabelecimento na nova residência: ministrava uma aula a seus pequenos pupilos.

Tomé, sempre adoentado desde o acidente que lhe extirpara o indicador da mão direita, tinha os ombrinhos cobertos por uma manta e fazia algumas operações matemáticas, acompanhado pela gentil preceptora.

— Esta operação é de dividir, Tomé, e não de somar — corrigiu ela.

— Eu não gosto de dividir — disse o menino, sorridente. — Principalmente quando ganho uma barra de açúcar queimado.

Os outros pequenos riram às bandeiras despregadas e Heloísa também não se conteve.

— Estás errado, ouviu? Aqueles que sabem dividir, na verdade multiplicam. Dividindo fazemos novos amigos e estes sempre nos retribuem o bem na mesma moeda. Ao final, verás que terás mais doces ainda, pois comerás os teus e os bocados que ganharás dos outros.

— A senhorita precisa ensinar essa conta para o Carlucho — disse o travesso apontando para um coleguinha. — Ele é guloso que só vendo. Se a gente deixar, só vai fazer operações de subtração... do lanche dos outros.

Mais uma vez, a classe veio abaixo numa gargalhada. Heloísa também riu, sentindo-se leve e animada. Estava num excelente estado de espírito desde que recebera notícias de seu amado. Sabia que agora ele estava de posse da apaixonada carta que escrevera e dos livros que com tanto afeto enviara. Tudo acabaria por melhorar, o tempo haveria de passar ligeiro, apressando seu reencontro. Depois de tanto pesar, ainda seriam felizes.

Mal sabia ela que uma sombra terrível avançava sobre aquele local de tanta harmonia. Enquanto ela se aproximava da lousa de pedra, decidida a encerrar o debate matemático daquela manhã, lá no Rio de Janeiro, cheio de cruéis pensamentos revanchistas, Otaviano partia, a toda carga, em sua direção.

25
Ensinando e aprendendo

Terminada a aula, Heloísa permitiu que seus pupilos saíssem para brincar no quintal da propriedade. Sentando-se em um banco de madeira sob um caramanchão de graciosas flores, a romântica mocinha observava os folguedos dos pequenos, mas seus pensamentos estavam longe, junto a seu bem amado que, tão injustamente, fora alijado de sua companhia. Dotada de um temperamento doce e maternal, Heloísa suspirava com pesar, pensando nos belos filhos que teriam se não estivessem separados, crianças que ela amaria com o mais completo desvelo. Como era triste pensar que, dali a vinte anos, quando Gabriel enfim fosse libertado, ela já estaria velha demais para conceber. Por que um casal jovem e apaixonado como eles tinha que enfrentar tão dura prova e ser impedido de dar continuidade a suas existências através de uma prole amada?

Doutor Euzébio, quando vinha do Rio para visitá-los, costumava falar da doutrina dos espíritos, transmitindo noções que ela gostava de repassar aos alunos. Segundo ele, tudo o que nos acontece na vida, de bom ou ruim, tem uma razão de ser, enquadrando-se num plano maior que só poderíamos compreender totalmente se tivéssemos uma visão abrangente das nossas muitas encarnações. Tal ciência é inalcançável para nós, encarnados, e isto para nosso próprio bem, pois a consciência das vidas passadas nos amarraria a conflitos e culpas pregressas, impedindo-nos de avançar. Cientes apenas da encarnação presente, temos mais liberdade para crescer, sem tantas amarras de antanho a nos preocupar. É como se recebêssemos a cada nova vinda à carne, uma ficha limpa, uma nova chance de partir do início e acertar. E também falhar, é claro, pois é errando que vamos aprendendo, exatamente como ocorre com um aluno na escola.

Heloísa, como professora, bem sabia que, para que um estudante alcançasse a excelência, ele necessitava de provas, desafios que lhe testassem os conhecimentos até ali adquiridos, garantindo-lhe uma base sólida para novas e mais abrangentes conquistas. Ela sentia-se pesarosa às vezes, mas a certeza de que Deus sempre faz o que é necessário para nosso desenvolvimento a consolava. Os remédios, às vezes amargos e difíceis de tragar, garantem, porém, a saúde vindoura. Graças a essa fé, ela se mantinha confiante. Tudo era como devia ser, por mais difícil de compreender que fosse. E até que seu querido Gabriel voltasse, ela continuaria cuidando de se ocupar bastante, pois não existe melhor terapia para as feridas da alma do que o trabalho. Cuidando daqueles meninos e meninas carentes, dando-lhe atenção, doando-lhes conhecimento, ela compreendia que a caridade é de fato uma via de mão dupla: aquele que doa também recebe. Isso ela sentia na prática, a cada sorriso que aqueles serzinhos lhe lançavam, a cada olhar de alegria que lhe dirigiam, a cada pequeno avanço que conquistavam.

De todos os pupilos, Tomé era seu preferido. Admirava-se com sua inteligência aguda, mas principalmente com sua insuspeitada maturidade. Segundo doutor Euzébio, alguns espíritos já tiveram mais experiências do que outros, com muitas encarnações aqui e em outros planetas nos diversos planos astrais da maravilhosa Criação. Apesar de dotado de senso de humor, sempre pronto a fazer seus gracejos, Tomé era, para Heloísa, um exemplo desses "espíritos velhos". Talvez as dificuldades de sua vida de pobreza tenham lhe dado um ar mais amadurecido que o da maioria das crianças, mas Heloísa intuía que havia algo mais. O menino lhe transmitia um equilíbrio e uma sensatez a que ela só podia denominar sabedoria.

Como a escutar-lhe os pensamentos, Tomé se aproximou.

— Estás triste, professora?

Heloísa retornou de seus devaneios.

— Eu? Não, de forma alguma — disse ela, procurando transmitir um ânimo jovial.

Ele se aproximou e tomou as mãos de sua preceptora.

— Muito obrigado — disse ele, com carinho.

— Ora, pelo quê?

— Por tudo que faz por mim e pelos outros. A senhorita é uma santa.

— Não digas isso. Sou uma pessoa comum, uma mulher como as outras.

— Se todos fossem bons como a senhorita, esse mundo seria um lugar melhor do que é. E trate de ficar animada, ouviu? Ainda vai receber da vida toda a felicidade que merece. Doutor Euzébio não diz sempre que quem planta maçãs colhe maçãs? A senhorita planta amor, há de receber em dobro.

Heloísa sentiu-se emocionada com a doçura do elogio.

— Se aqui tem algum anjo, não sou eu — e abraçou com força seu aluno predileto, estreitando-o junto ao peito.

༄༅

Enquanto isso, longe dali, no presídio do Rio de Janeiro, Gabriel acabara de almoçar e, deitando-se em seu catre, pôs-se a ler o Evangelho Segundo o Espiritismo, reiniciando do ponto onde parara na noite anterior. Era um texto sobre o Cristo consolador que funcionou como um refrigério em sua alma tão ferida.

Aquela leitura vinha lhe fazendo um bem notável. Embora ainda tivesse dificuldade em aceitar a existência dos espíritos, algo que sempre considerara uma mera fantasia, a coerência e beleza dos ensinamentos ali contidos foram, progressivamente, conquistando seu respeito e atenção. De fato, até para quem não crê ou aceita com reservas os conceitos da vida após a morte e da reencarnação, o pensamento cristão é de uma justiça e acerto inquestionáveis. Como negar que o mundo seria melhor se todos amassem ao próximo como a si mesmos? Como rechaçar a validade dos mandamentos do mestre Jesus, fundados na mais completa justiça e equidade?

Mesmo sem alcançar ainda a profundidade dos temas mais sutis ali contidos, Gabriel concordava com os princípios gerais e impressionava-se com a simplicidade de máximas que acabavam por se revelar, na verdade, grandiosas. A própria noção reencarnacionista, tão controversa, ia se firmando para ele de forma cada vez mais clara e evidente, de modo que suas antigas convicções, rígidas e materialistas, já começavam a se abalar. Percebeu de imediato que o Espiritismo, além de ser uma religião, impunha-se também ao pensamento como uma ciência e uma filosofia, uma forma de compreender a natureza e a vida com coerência e sentido, longe da absurda ideia de que o mundo funciona em obediência a um acaso cego, numa falta de propósito que iria contra a razão.

"Sempre pensei que a religião fosse algo totalmente diverso do raciocínio, algo que só fala à emoção e que acaba por embotar o pensamento com dogmas e preceitos rígidos. Mas aqui encontro, além da pureza dos valores morais, uma irrepreensível elegância lógica", pensou com satisfação ao terminar mais um parágrafo.

Gabriel não podia percebê-lo, mas próximo a ele, no plano da imaterialidade, uma presença luminosa acompanhava-lhe a leitura com satisfação. Tratava-se de Paulo, um espírito guardião que, ligado por antigos laços, ocupava-se do bem-estar dele, de Heloísa e de todos os que lhes eram afins. Sempre que podia, esse espírito bondoso comparecia ao presídio invisivelmente, trazendo assistência através de seus benéficos fluidos magnéticos.

Qual não foi a satisfação desse gentil guardião ao perceber que seu protegido começava a se libertar de seus preconceitos e captar a beleza dos ensinamentos espíritas. Aquela era uma abençoada porta que se abria para ele. Embora fisicamente limitado pela clausura, a mente e o coração de Gabriel permaneciam livres para viajar por novos conceitos e para manterem-se firmes na senda da constante evolução.

"Percebes agora que a fé pode ser raciocinada", comentou o anjo bom ao ouvido do prisioneiro. "É paixão e razão a um só tempo. Mergulhando em tal aprendizagem, te serão mais leves o jugo da lei e a pena severa que agora cumpres. Um dia, saberás que a justiça divina não falha e que tua atual condição está de acordo com o que necessitas para teu progresso, em estreita coerência com tuas ações em encarnações passadas. Aprenderás que cada boa ação que fizeres servirá para eliminar a influência das más que, porventura, tenhas realizado. Com isso, terás a chance de usar teu livre-arbítrio para purificar-te cada vez mais, diminuindo teus sofrimentos progressivamente até que eles deixem de existir, dando lugar à paz e à felicidade plenas."

Gabriel suspirou, sentindo uma inexplicável sensação de otimismo e, animado, prosseguiu na leitura.

Os companheiros de cela, o negro Sebastião e o pequenino Viriato, estavam a um canto da sala, jogando carteado. Ao final de uma das mãos do jogo, repararam no rapaz que, normalmente agitado, entretinha-se plácido em sua leitura.

— Agora não larga mais esse livro! — comentou o grandalhão Sebastião.

— Ele era professor antes de vir para cá — contou o baixinho, com sua voz fanhosa.

— Eu nunca aprendi a ler. Ele bem que podia me ensinar — insinuou o negro.

O primeiro impulso de Gabriel foi mandar que os companheiros de infortúnio se calassem. Em geral, não os tolerava, pois se julgava superior a eles, considerando-os uma ralé que, diferente do seu caso, bem merecia estar naquele lugar horrendo, pagando por seus crimes. A leitura, porém, já o estava influenciando positivamente, pois agiu de um modo diverso. Com paciência, ergueu-se da cama e aproximou-se dos colegas de cárcere.

— Se quiserem de verdade, posso lhes dar umas aulas.

— Em troca de quê? — perguntou Viriato, desconfiado.

— Coisa nenhuma. Ensinando-os fico ocupado e o tempo passa mais rápido.

— Sempre quis escrever uma carta para minha mãe — disse Sebastião, risonho. — Ela nem ia acreditar que fui eu, pois não sei nem assinar meu nome.

— Se quiseres, saberás. Inteligência para isso, tu tens.

— Se tens para roubar — intrometeu-se Viriato — deves ter para aprender.

Sebastião deu uma cotovelada ligeira no braço do colega.

— Cala-te, estrupício.

E dirigiu-se ao professor com um tom de gentileza que não lhe era peculiar:

— Enquanto não aprendo as letras, também podias ler para nós. Nossa vida é um tédio que não tem fim. Seria bom ouvir o que anda te interessando tanto.

Gabriel ficou surpreso por ver que podia construir, com os colegas, uma convivência melhor. Foi só tratá-los com um pouco mais de generosidade que logo se mostraram mais cordatos.

"Parece que este livro é mesmo um compêndio de sabedoria" — pensou, satisfeito.

— Querem mesmo ouvir a leitura de alguns capítulos?

— Claro que sim. Mas só depois das aulas que prometeste — propôs Viriato.

— Um dia, hei de escrever um livro mais grosso do que esse — ajuntou Sebastião, divertido.

Gabriel riu e propôs um plano de estudos: dar-lhes-ia noções de português e matemática no período da manhã. Nos fins de tarde, leriam trechos dos livros e os discutiriam, um excelente exercício de compreensão e lógica.

Os dois concordaram com o plano, mas estavam tão animados que não sossegaram enquanto não tiveram a primeira aula naquela mesma tarde. Sob a luminosa assistência do espírito protetor Paulo, Gabriel reencontrou a satisfação de educar. Durante o período de classe, os dois bandidos agiram como crianças, rebeldes, mas curiosos. Gabriel percebeu de cara que aquela atividade intelectual haveria de fazer muito bem a eles. Sentir-se-iam mais dignos, pois poucas coisas há na vida mais preciosas do que o conhecimento.

Quando o sol começou a declinar no horizonte, Sebastião e Viriato sentaram-se para ouvir o primeiro trecho do Evangelho. O resultado foi surpreendente. As palavras que Gabriel lia funcionaram como um bálsamo abençoado naquele ambiente tão sórdido. Ao final do primeiro capítulo, que suscitou muitos questionamentos e debates, os três sentiam-se mais apaziguados e confiantes. Aqueles santos ensinamentos ecoaram pela cela exígua e ressoaram pelo corredor, levando pureza e energia renovadora àquele ambiente insalubre. Era como se uma chama reconfortante tivesse sido acesa em meio à treva profunda.

26
O rapto

Chegou o fim de semana e a manhã de sábado principiou radiante. Assim que abriu a janela de seu quarto e divisou o límpido azul do céu, Heloísa teve a ideia de reunir as crianças das imediações para um passeio até um ribeirão próximo à propriedade. Ali poderiam aproveitar o calor da manhã fazendo um agradável piquenique.

Assim que terminou de se banhar e vestir, saiu do quarto com essa alegre disposição, mas, assim que adentrou a cozinha, percebeu que algo de muito grave havia ocorrido. Debruçada sobre a mesa, Rosário chorava copiosamente. O velho Antonio tentava apaziguar o sofrimento da filha, murmurando um pedido de serenidade ao seu ouvido, mas nada parecia capaz de confortá-la.

— O que houve, Rosário? Pelo amor de Deus, assim me pões apavorada! — disse Heloísa, correndo para a amiga.

—Tomé! — gemeu Rosário, sem interromper a torrente de lágrimas. — Ele sumiu, dona Heloísa. Não o encontrei na cama e julguei que tivesse saído para brincar no pátio. Mas eu e meu pai já varremos todo o terreno de alto a baixo e nada. Também corri até os vizinhos mais próximos em busca de notícias, mas ninguém pôde ajudar. Tomé simplesmente desapareceu.

A notícia colocou Heloísa num estado de grande apreensão, mas controlou-se o melhor que pôde, pois sabia que ceder ao desespero apenas agravaria a situação já tão preocupante.

— Procure se controlar, minha amiga. Nada de mal há de ter ocorrido. Tudo não deve passar de um simples apronto de criança. Quando menos esperarmos, o levado reaparecerá.

— Deus te ouça, dona Heloísa!

— Oremos por sua segurança, que é o que nos resta no momento. Logo mais chega o doutor Euzébio da cidade com alguns utensílios e mantimentos que lhe encomendei. Se até então o garoto ainda estiver sumido, ele nos orientará nas providências a tomar.

— Será que ele saiu de casa já durante a madrugada? — perguntou Rosário, buscando estancar o pranto. — A chiadeira no peito continua e temo que ele piore dos pulmões.

— Tomara que não tenha tomado muito sereno — concordou o avô, também apreensivo.

— Tomé há de estar bem! — insistiu Heloísa, mantendo-se firme. — Deus há de protegê-lo.

Mas, por dentro, ela se sentia tão ou mais aflita do que eles. Sentia-se responsável por aquele menino e não se perdoaria se algo de mal lhe acontecesse.

༺☙༻

Distante dali, a todo galope, seguia pela estrada poeirenta o coche do traiçoeiro Moura Ferraz, conduzido pelo sombrio Zaqueu. Lá dentro, cheio de pavor, o menino raptado viajava em companhia do capanga Jeremias e do próprio Otaviano. Trêmulo e incapaz de compreender por que aqueles homens estranhos haviam invadido a casa para capturá-lo, observava cada um de seus movimentos com olhos arregalados de pavor.

— Depois de tantas horas de viagem, o negrinho deve estar com sede, patrão. Dou-lhe um gole do alforje?

— Não. Deixa-o quieto que negro não tem querer.

— Não imaginei que o senhor estava carecendo de mais um escravo. O moleque parece tão fraquinho...

— Não se trata disso, cavalgadura! O que quero é usá-lo para castigar Heloísa, dar-lhe uma lição tão bem dada que ela jamais se esqueça. Ontem, vigiando o sítio de longe, reparei que ela tem uma predileção toda especial por este "cisco". Vamos ver como ela se sente daqui a alguns dias, sem notícia alguma de seu paradeiro.

— A coitada vai ficar doente de preocupação — zombou o rude capataz.

— Quero mais é que sofra. Quem sabe assim aprende que não se expõe um Moura Ferraz ao ridículo impunemente. Deixou-me ali, plantado no altar, sujeito ao escárnio público. Merece receber a paga. E depois que tiver sofrido um bom bocado, posso usar esse pestinha como moeda de troca.

— O senhor vai pedir resgate por ele?

— De certa forma. Heloísa há de se casar comigo por bem ou por mal. Ela mexeu com meus brios, repudiou-me, rebaixou-me. Haverá de se arrepender quando estiver sob meu domínio. Se não me deu sua afeição por bem, tomarei o que desejo à força. Ela há de se submeter.

Tomé ouvia aqueles disparates, apavorado. Já tinha ouvido falar do casamento de dona Heloísa que nunca se consumou, mas jamais atinara com o motivo. Agora entendia bem por que ela fugira do noivo, contrariando a vontade dos pais e os preceitos da sociedade. Ele não era um homem normal, era um monstro. Sua maldade e orgulho tinham lhe deturpado o discernimento. Seu raciocínio não possuía equilíbrio ou sensatez, parecia claro que aquele homem estava chegando às raias da loucura. O melhor que podia fazer era rezar para que toda aquela insânia não se voltasse contra ele. Afinal, era só um menino.

Seu olhar acabou por incomodar o bandido.

— Que é que estás me olhando tanto, seu peste?

Sabiamente, Tomé decidiu manter-se em silêncio. Pressentiu que assim tinha menos chances de irritar aquele homem sombrio. Simplesmente voltou o olhar para o chão do coche.

— Acho que um gato comeu-lhe a língua — observou Jeremias, risonho.

— Antes assim — concordou Otaviano. — Anda, dá-me um pouco de água.

O vilão apanhou o alforje e bebeu em largos goles, sem nem pensar em permitir que a criança se dessedentasse.

༺❦༻

Pouco antes do meio-dia, o doutor Euzébio chegou ao sítio trazendo algumas revistas, jornais e mantimentos para suprir a despensa. Heloísa tratou de informar-lhe do desaparecimento do garoto e, sensato como sempre, o caridoso médico não demorou a traçar um plano de ação.

— Vou agora mesmo até o centro informar-me na delegacia. Talvez alguém tenha dado informações do menino.

— Também acho bom que o senhor passe no hospital, doutor. Deus nos livre, mas ele pode ter se acidentado.

— De acordo. Peço que mantenhas todos em casa até que eu retorne. Leia os periódicos que eu trouxe para se distrair.

— Estou tão aflita que temo não conseguir me concentrar.

— Tu deves dar o exemplo para Rosário e Antonio. O bom espírita sabe que nada se resolve com desespero e angústia. A melhor amiga que temos nas horas de crise é a calma.

— Tens razão, doutor.

— Se for preciso, faça um chá bem forte de camomila para Rosário e lhe ofereça com dez gotas deste preparado — disse ele, apanhando um frasco de sua valise. — É um calmante fraco, apenas para que ela consiga relaxar.

— Acho que virá bem a calhar, doutor Euzébio. A pobrezinha não consegue parar de chorar.

— Tenhamos fé em Deus. Quem sabe não retorno com boas notícias?

O médico ia se dirigindo à porta quando a voz de Heloísa o interrompeu.

— O senhor acha que Otaviano pode ter algo a ver com o sumiço?

O médico permaneceu pensativo por uns instantes.

— Não creio. Ele nada sabe a respeito de seu paradeiro, Heloísa.

— Como o senhor sabe, ele já fez Rosário prisioneira uma vez, com o intuito de me pressionar ao casamento. Talvez, caso tenha descoberto onde estou, esteja voltando à carga.

— Pelo que já me contaste desse homem, creio que seria capaz da vileza de sequestrar uma criança inocente, mas a princípio não temos razões para suspeitar de seu envolvimento no caso. Vejamos o que diz a polícia. Depois, se não pudermos encontrar explicação mais convincente, voltaremos a aventar essa triste hipótese.

— Tomara seja só cisma minha, mas algo em meu íntimo me põe terrivelmente sobressaltada. Não tenho uma boa intuição. Estou, sinceramente, apavorada.

— Força, Heloísa. Deus escreve certo por linhas tortas. Ele sabe o que faz.

O médico partiu atrás de notícias, enquanto a dama correu à cozinha determinada a preparar o chá lenitivo para a pobre Rosário que, alquebrada, retirara-se para seu quarto.

27
Cativeiro

Na cama, com os nervos em frangalhos, Rosário estava sendo assistida por seu pai, o velho Antonio. Sentado à beira do leito, ele retinha a mão da filha entre as suas.

— Coragem, Rosário! Tomé há de estar bem.

— Ele anda tão adoentado. Não aguento nem pensar nele longe de meus cuidados.

— Vamos manter o otimismo, filha.

— Estou tentando, mas sinto no peito uma opressão tão forte, um peso tão grande. Tenho medo deste sentimento — prosseguiu ela, com voz frágil. — As coisas pareciam estar melhorando para nós. Quando eu perdi Jonas, achei que minha vida tinha acabado, mas aqui, neste lugar abençoado, ao lado do senhor e de dona Heloísa, achei que eu e Tomé teríamos uma nova chance de encontrar a felicidade.

— E estão tendo, minha querida. Vai ficar tudo bem.

— O senhor sabe que, mesmo não tendo nascido do meu ventre, Tomé é como se fosse meu filho verdadeiro.

— Também o vejo como meu neto legítimo, nunca senti diferente.

— Lembra-se de quando eu o encontrei? Era apenas um recém-nascido, tão miúdo e desprotegido.

— Como é que alguém pode cometer o desatino de abandonar um filho assim, como se estivesse se livrando de um fardo?

— Para mim, foi como encontrar um tesouro. Esse filho postiço mudou minha vida. Eu era tão amarga, tão ressentida da vida que me foi imposta, de servilismo e escravidão. Tinha muito ódio em meu peito.

— Tinhas motivo para tal mágoa, filha. Nada é mais cruel do que ser privado da liberdade.

— Quando me tornei dama de companhia de dona Heloísa, tudo começou a mudar. Aprendi a ler, escrever, até traquejo social eu ganhei convivendo com a família do conde e da condessa Albuquerque de Sá. Então conheci Jonas, o homem mais valoroso que já nasceu neste mundo. E, por fim, ao caminhar pelo mato em busca de gravetos para o forno, descobri, atrás de uma moita de espinhos, a mais preciosa dádiva que Deus podia me relegar. Tomé me transformou definitivamente. Esqueci o rancor, o orgulho ferido e, no lugar daquela montanha de ódio que se acumulara em meu peito, erigi uma nova montanha feita de gratidão e amor.

— Nem imaginas como foi clara tua transformação para mim. Eras tão triste e cheia de azedume. Uma nova Rosário nasceu.

— Por que então, depois de tantas alegrias, de novo passo por dissabores tão cruéis? O homem que eu amava foi covardemente assassinado. E agora... meu filho adorado... minha luz... Que vai ser de mim se ele não retornar?

E mais uma vez, descontrolada, Rosário caiu no choro. Foi bem nessa hora que Heloísa adentrou o quarto trazendo o chá com o remédio.

— Vamos, vamos. Tantas lágrimas não vão abrandar o tormento dessa situação. Tens que manter a mente equilibrada. Tome aqui este chá que lhe preparei com algumas gotas de calmante. Vai ajudar-te a reencontrar a estabilidade.

— Obrigada, dona Heloísa. A senhorita é tão boa para mim, nem sei como agradecer.

— Agradeça ficando mais tranquila. É só o que te peço.

Antonio retirou-se para que a filha pudesse repousar. Heloísa deu-lhe o medicamento e, prestativa, esperou aos pés da cama até que adormecesse. Depois saiu, fechando cuidadosamente a porta, foi à varanda e deixou que seus olhos se perdessem na imensidão da paisagem até o horizonte.

"Meu Deus", orou em silêncio, "Onde quer que Tomé esteja, permita que bons espíritos o protejam."

༺ঔ༻

Chegando à sua mansão no Rio de Janeiro, Otaviano ordenou que os capangas colocassem o menino sequestrado na senzala, junto aos escravos. No cubículo de pedra aparente, frio e úmido, onde os cativos ficavam alojados, Tomé encontrou uma falta de conforto e higiene que o deixaram chocado. Ele era um menino livre e, embora tivesse tido uma infância humilde e enfrentado as más condições de trabalho na tecelagem dos Albuquerque de Sá, jamais tivera que enfrentar realidade tão cruel quanto a que ora se lhe impunha.

Uma das escravas ali presa, Ondina, ao ver que a criança tremia de pavor, aproximou-se na penumbra opressiva e buscou acalmá-lo como pôde.

— Como é seu nome, menino?

— Tomé.

— Ocê foi comprado à modi trabalhar na lavoura? — perguntou ela em seu português estropiado.
— Não sou escravo. Sou livre.
— Então o que faz aqui na senzala?
— Eu não sei — confessou a criança, com sinceridade.
Ondina encostou a mão na testa suada do garoto e viu que ele tinha febre.
— Estou com frio — disse ele, tiritando.
— Ocê não tá bem de saúde?
— Tenho uma tosse comprida que não me larga.
— Esse chão gelado não vai ajudar. Vem aqui, dorme abraçado comigo. Assim ocê se esquenta.

Tomé, agradecido por ter encontrado aquela alma boa, aceitou o convite e aninhou-se junto à escrava para tentar dormir. Por sua cabecinha passavam um turbilhão de pensamentos. Tinha, antes de tudo, saudades da mãe adotiva. E também de dona Heloísa e "vô" Antonio. Será que nunca mais os veria?

Próximo a ele, no plano da invisibilidade, trabalhando no envio de fluidos de saúde e paz, estava Paulo, um espírito protetor que ouvira as preces de Heloísa e se aproximara de Tomé para ajudar. Dotado de um padrão vibratório que transmitia uma radiante bondade, Paulo conseguiu aos poucos amainar a aflição da qual Tomé era presa. Em breve, ele dormia, descansando da viagem estafante que fizera desde Petrópolis.

Paulo, porém, estava apreensivo. Percebeu que Tomé tinha problemas sérios de saúde e não suportaria muito tempo naquele ambiente inóspito. Orou para que Deus, em sua infinita sabedoria, olhasse por aquela criança. Subitamente, ele reparou que havia por perto uma outra presença espiritual. Era Eulália, a mulher de véu, companheira constante de Otaviano que, curiosa, aproximara-se para ver quem era o novo morador da senzala. De imediato, Paulo sentiu que aquele era um espírito desequilibrado, pois sua emanação se processava numa pesada frequência energética.

Era impossível para Eulália ver o perispírito sutil e luminoso de Paulo, mas ele, julgando que valia a pena estabelecer contato, utilizou um pouco de ectoplasma cedido pelos escravos adormecidos e tornou-se o mais pesado e material que podia. Tal operação bastou para que Eulália lhe divisasse o clarão com grande susto.

— Que luz é essa? Quem está aí?

— Meu nome é Paulo e venho em nome da verdade e do bem. E tu, quem és?

— Sou Eulália. Vai-te embora daqui, anda. A propriedade é minha e do meu marido Otaviano. Vai-te porque essa tua luz me incomoda.

Paulo interessou-se ainda mais pelo espírito sofredor.

— Otaviano de Moura Ferraz é teu marido?

O espectro se mostrou irritado.

— De certa forma. Não nos casamos porque não tivemos tempo. A morte me levou para longe antes que pudéssemos oficializar nosso amor. Mas ele me amava quando eu era viva. E ainda ama agora.

— Compreendo — disse Paulo, curioso para saber mais sobre o assustador fantasma. — Tu tens por ele muito afeto, pelo que vejo.

— É meu homem — voltou Eulália, com firmeza. — Só meu. Anda às voltas com a ideia de casar com uma tal Heloísa, mas são só devaneios. Na verdade, ele a detesta.

— Creio que tens razão — concordou Paulo.

— Não permitirei que ele me traia com essazinha! Eu a odeio, ouviste? Odeio!

— Fique calma, minha irmã. Se teu amor é sincero, apegue-se apenas a ele. Amor e ódio são sentimentos que não combinam. São como água e óleo. Escolhe apenas o amor.

— Tua luz me magoa a vista. Quem pensas que é para dar-me lições?

— Sou um amigo, só isso. Não precisas temer.

— Não tenho medo de nada! — gritou ela, colérica.

Vagarosamente, Eulália flutuou para mais perto de onde estava Tomé.

— Este garoto, quem é?

— Seu nome é Tomé. Um menino livre que Otaviano sequestrou.

— Livre? Mas ele é negro.

— A princesa Isabel sancionou uma lei conhecida como Lei do Ventre Livre. Desde então, todos os negros nascem no Brasil com os mesmos direitos dos brancos.

— Mentes! Isso não é possível — disse ela, confusa.

— Digo a mais pura verdade. E acredito que muito em breve virá a completa abolição da escravatura. Lugares como este, de tristeza e desespero, deixarão de existir para sempre.

— Será mesmo? — inquiriu Eulália, perplexa.

— Todos os homens são filhos do mesmo Pai e, portanto, irmãos. Brancos ou negros, todos devem ter as mesmas oportunidades e dignidade.

Eulália ficou silenciosa por instantes. Parecia refletir. Finalmente, falou com voz firme:

— Detesto os negros.

— E por quê? Que foi que te fizeram?

— Otaviano não os tolera. Se ele pensa assim, então está certo.

— Não é porque o amas que precisas compartilhar de seus preconceitos. Achas justa a situação em que vivem estes seres humanos, engaiolados como feras? E essa criança que ele agora alijou da liberdade? Pensas que ela, em sua inocência, merece tal castigo?

Eulália observou mais uma vez o belo rostinho de Tomé, que dormia abraçado à bondosa Ondina. Por um momento, compadeceu-se, mas lutou para afastar tal sentimento.

— Não importa o que sinto. E agora deixa-me em paz! Tua luz me ofusca! Estou exausta de olhar para ti!

Vendo que o espectro se exaltava novamente, Paulo achou por bem concordar.

— Está certo, não te agites. Deixar-te-ei em paz. Outro dia, conversaremos de novo. Fique com Deus.

Paulo reassumiu seu esplendor puro, livrando-se dos eflúvios pesados que usara para se comunicar. Imediatamente voltou a ser invisível para aquela triste figura.

Eulália ainda olhou o pequeno adormecido por mais um tempo. Ele despertava nela um sentimento que há muito tempo não sentia, uma espécie de compaixão.

— Ele parece tão frágil e desprotegido — murmurou ela, por fim. — Por que Otaviano teria prendido o pobrezinho?

E, flutuando vagarosamente, o fantasma deixou a senzala, afastando-se para a escuridão do terreiro.

28
O bem faz seus movimentos

A notícia de que um menino negro, mas livre, estava aprisionado junto aos escravos da propriedade chegou aos ouvidos de Tonha e Reginaldo, os dois cativos domésticos que serviam na mansão. Eles ficaram indignados com a situação, mas não tinham poder ou coragem para intervir junto ao seu senhor.

Duas semanas se passaram sem que aquele quadro se alterasse. Otaviano, cada vez mais silencioso e arredio, não dava mostras de que se arrependia do crime praticado. Tudo indicava que pretendia manter a criança por mais tempo em cativeiro.

Na cozinha, aos sussurros para que o patrão não ouvisse, Tonha comentava acerca do episódio.

— Depois que foi abandonado por dona Heloísa, esse homem enlouqueceu de vez, Reginaldo. Onde é que já se viu botar um menino livre na senzala?

—Você viu como é pequeno, pobrezinho? Ondina me disse que está doente. Tosse a noite inteira e arde em febre.

— Esse Otaviano é uma peste que não tem tamanho. Ah, se eu fosse homem! Dava-lhe um corretivo que ele não esqueceria nunca mais.

— Achas que sou o quê? Homem e com coragem suficiente para tanto. Mas os capatazes andam armados até os dentes.

— Aquela cova de pedra não é lugar para um menino — tornou ela, inconformada. — Sempre que posso, levo um prato de comida melhor para ele, mas no regime em que está, dormindo pouco e trabalhando na roça com os outros, não sei quanto tempo há de suportar.

— Se ao menos Zaqueu, Jeremias e os outros capangas nos dessem uma chance e esquecessem por um minuto a guarda da senzala...

— Fazias o quê? Soltavas os negros?

— Todos estão prontos para uma revolta. A ideia da fuga não lhes sai da cabeça e eu não pensaria duas vezes antes de aderir ao movimento. Munidos de paus e enxadas tomaríamos a rua e adeus a este inferno.

— Cala-te. Ouço ruídos.

De fato, um gemido longo e triste se ouvia ao longe.

— Será de novo o fantasma?

— É dona Valéria. Anda sentindo muitas dores. Vive aos prantos, lamentando-se.

— É tão velha... Deus podia ser caridoso e levá-la logo desta vida.

— O que mais lhe dói não é o corpo, é a alma. Fez tudo pelo neto e agora o que recebe em troca? Indiferença. Otaviano nem se lembra que ela existe. Manda-me servir comida e água e acha que, assim, está cumprindo com seus deveres.

— Coitada. É mais uma escrava nesta casa.

No andar superior, fechado em seu quarto, Otaviano também ouviu o lamento angustioso da avó, vindo do outro lado do corredor. Mas, em vez de pena, sentiu raiva.

"Por que essa velha não se cala?" — questionou-se. — Esse barulho não me deixa pensar. "Tenho muitas coisas a resolver."

O senhor de Moura Ferraz julgava-se um homem muito ocupado. Na verdade, o que tanto lhe ocupava a mente eram seus recalques e loucuras, deixando-o sempre num estado de agitação e sobressalto. Problemas, naturalmente tinha muitos. A tecelagem dos Albuquerque de Sá, da qual assumira a direção com vaidade e prepotência, ia de mal a pior. Os equipamentos importados necessitavam de novos pagamentos, os fornecedores atrasavam na entrega do algodão e, para completar, os compradores não se mostravam tão fieis como no passado. As dívidas se avolumavam, mas, dominado por sua obsessão com Heloísa, Otaviano não conseguia se dedicar com a necessária serenidade ao trabalho. A bagunça que se tornara sua mesa do escritório era um quadro claro de sua confusão interior. Havia ali uma mistura de contratos, relatórios, contas e cartas não respondidas. E quanto mais o tempo passava, mais confuso tudo se tornava.

O conde, diante daquela situação, há muito já se arrependera de ter aceito a sociedade com o jovem. A condessa, sempre dona da verdade, já se esquecera de que era ela a principal incentivadora da associação e, desde o sumiço da filha, culpava o marido por tudo. Pressionado e vendo as dívidas se avolumarem, o conde começava a temer a falência, algo que jamais passara pela cabeça de um *bon vivant* acostumado ao luxo como ele. Vendo que não conseguia o apoio e a atenção do sócio, cada vez mais intratável, foi obrigado a fazer algo de que mal se lembrava: arregaçou as mangas e pôs-se a trabalhar. Ou administrava seu negócio com mão firme ou, como o capitão de um barco à deriva, veria sua empresa soçobrar.

Otaviano não se importava com os queixumes daquele que um dia, segundo acreditava, ainda seria seu sogro. Seu pensamento era único: tudo o que via diante de si era Heloísa. Desde que trouxera Tomé, gostava de imaginá-la sofrendo de preocupação. E, com um sorriso maldoso, pensava: "Agora estás tendo o que mereces. Quando a dor te deixar bem fraca, meu braço forte te servirá de tábua de salvação".

Disparates de um lunático, cada dia mais perdido em seus desatinos.

೨⌒೨

Distante dali, no presídio de pedras cinzentas, Gabriel e seus companheiros de cárcere continuavam cumprindo o acordo que fizeram: o professor dava aulas todas as manhãs e, nos fins de tarde, lia em voz alta trechos do Evangelho. Tal prática, que se tornara imprescindível para os três, havia trazido para aquele lugar opressivo uma mudança cada vez mais perceptível: o ambiente parecia mais equilibrado e leve, a convivência tornara-se mais fraternal e alegre. Até mais iluminada a cela parecia.

Fato digno de nota foi o que ocorreu com o sombrio carcereiro Donato. Ele, que a princípio detestava Gabriel, principalmente por invejar-lhe a educação refinada e a cultura, notou que o gigantesco Sebastião, antes briguento e causador de encrencas, andava mais pacato. O mesmo efeito benéfico percebia no franzino Viriato. Vigiando do corredor, descobriu que os prisioneiros estavam se dedicando àquelas classes e leituras.

No primeiro dia que ouviu um trecho do Evangelho, pensou em fazer um gracejo, chamando aos três cativos carolas. Mas, sem nem perceber, foi ouvindo mais um pouco, acabou por se interessar e, em breve, passou a postar-se no corredor escuro todos os finais de tarde, sem que ninguém visse, para poder ouvir os ensinamentos. Tinha ainda vergonha de revelar seu interesse, mas algo em seu íntimo já começava a mudar.

Naquela tarde, Gabriel leu um trecho que falava da parábola do semeador. Segundo essa bela passagem dos ensinos de Jesus, uma boa semente pode ser perdida caso caia em terreno bruto e inóspito. Mas algumas sementes sempre acabam por cair na boa terra, aquela que está pronta para acolher aquele gérmen de vida, nutri-lo e fazê-lo frutificar. Donato identificou-se com a passagem. Ele se julgava uma pedra bruta, alguém a que nada podia comover ou melhorar. O tanto que padeceu na vida sempre foi justificativa para sua truculência. Mas, pensou ele, só o fato de querer escutar aquelas palavras demonstrava que seu caso não era totalmente perdido. Talvez ainda fosse capaz de acolher a mensagem do Cristo e fazê-la brotar em seu peito, modificando-se e purgando tantos e terríveis erros do passado.

O texto sobre a parábola foi o que faltava para lhe dar coragem. Aproximou-se pelo corredor e, colocando o rosto no vão da porta da cela, chamou Gabriel para perto de si.

Os prisioneiros, assustados, acostumados com a crueza de sentimentos do carcereiro, julgaram que ele pretendia tomar-lhes os livros, proibindo aquelas reuniões. Mas, para surpresa geral, suas intenções eram totalmente opostas.

—Tenho ouvido uns trechos de tuas aulas aqui do corredor, Gabriel —começou ele, com voz grave —, e também escutei alguns pedaços desse livro que estás lendo.

— Trata-se do Evangelho Segundo o Espiritismo — informou o professor. — O assunto te interessa?

— Um bocado. Tanto que pensei em te propor um negócio.

A alegria que Gabriel sentiu ao ouvir a proposta de Donato foi a maior que sentiu naquele lugar, desde o dia em que teve notícias de Heloísa. O carcereiro propôs que ele fizesse as leituras — e também ministrasse as aulas, se assim desejasse — a um maior número de presos. Havia, no presídio, um antigo depósito de munições desativado que podia fazer as vezes de auditório.

Foi assim que o Espiritismo começou a ser divulgado, atrás daqueles muros de pedra, para os prisioneiros que, espontaneamente, demonstraram interesse no tema. O próprio Donato tornou-se um participante assíduo e interessado. Outros, que não sentiam afinidade com o assunto ou que professavam outra religião, puderam optar por só participar das aulas de português e matemática, ampliando seus conhecimentos e utilizando seu tempo de pena de uma forma construtiva.

Ao deitar-se para dormir no dia em que recebeu o convite, Gabriel sentiu perto de si uma presença invisível. Era Paulo que ali estava, brilhando intensamente, emocionado, feliz por ver que seu protegido abraçara a nobre incumbência de melhorar o padrão vibratório daquele local através do estudo e da fé. Até nos ambientes mais degradantes é possível encontrar presenças de luz e divulgar ideias de paz, perdão e renascimento moral. A própria Terra é um planeta de expiação e provas e, apesar de todas as guerras e dificuldades, permanece como celeiro de aprendizados, destinada ao crescimento espiritual de seus habitantes.

Gabriel pensou em Heloísa. Ela se orgulharia dele se soubesse da nova tarefa que abraçava. Definitivamente, ele voltava a ser um professor.

༄

Enquanto isso, em Petrópolis, Heloísa mantinha uma séria palestra com o doutor Euzébio. Semanas já tinham se passado sem notícias do paradeiro de Tomé. A tristeza tomara o coração de todos naquela casa e, a cada nova manhã, parecia mais urgente tomar uma atitude que resolvesse por fim aquele mistério.

— Sei o que estás a pensar — disse o sensato doutor, depois que Heloísa expôs sua aflição. — Desconfias do envolvimento de teu antigo noivo no caso.

— Por favor, não o chames assim, doutor. Jamais fomos noivos.

— Sabes que Otaviano de Moura Ferraz é um homem poderoso. Não perdoará uma falsa acusação.

— Tudo o que lhe peço é que sondes algumas informações. Se Otaviano tem qualquer parte no desaparecimento de Tomé, alguém ali na mansão há de saber.

— Estás certa. Talvez convenha visitar-lhe a propriedade sob algum pretexto.

— Ele é sócio de meu pai na tecelagem. O senhor pode dizer que tem interesse em fazer com ele algum acordo comercial.

— Não será possível enganá-lo dessa forma. Conhecemo-nos de eventos sociais. Ele bem sabe que sou médico e não industrial.

— A avó dele, dona Valéria, tem idade muito avançada e apresenta uma saúde bastante frágil.

— Aí está. Este pode ser um bom alvitre para que eu me aproxime, com a vantagem de que essa senhora pode estar de fato precisando de meus préstimos. Irei ter com Otaviano. Estou decidido.

— Nem sei como lhe agradecer, doutor.

— Cuide de tudo por aqui com o desvelo que vens demonstrando desde que chegaste. E não pares de ministrar suas aulas à meninada da região. Isso é paga mais do que suficiente para os meus préstimos. Amanhã mesmo tentarei entrar na mansão Moura Ferraz. Agora devo partir, pois tenho pacientes a atender.

— Que Jesus o acompanhe.

O bom doutor partiu, deixando Heloísa mais esperançosa. Apesar de todos os pesares, as forças do Bem cuidavam de fazer seus movimentos.

29
Fraternidade dos guardiões

Alta madrugada. A escuridão profunda domina o terreno e as plantações da propriedade Moura Ferraz. Só o cricrilar dos grilos e o melancólico lamento do vento balançando as folhagens desafiam o silêncio sonolento. Mas, no plano da invisibilidade, no mundo dos espíritos desencarnados, o movimento no local é grande. Um grupo de seres iluminados está ali reunido com nosso conhecido benfeitor Paulo, que foi chamado às pressas pelos dirigentes de sua egrégora para receber orientações.

Assim como costumamos fazer na Terra, os espíritos têm por hábito se congregar em sociedades com aqueles com os quais compartilham objetivos afins. A energia que emanam, proveniente de suas qualidades morais e capacidade magnética, determinam afinidades e desacordos, promovendo ou evitando esses enlaces.

A associação a que Paulo pertencia tinha por nome Fraternidade dos Guardiões. Era uma das muitas associações de espíritos que se impõem a missão de amparar irmãos necessitados, principalmente os ainda presos às obrigações da carne, tão sujeitos a dúvidas e dificuldades de todos os tipos. Na linguagem popular, existe o termo "anjo da guarda" para designar esse tipo de espírito, preocupado em amparar e orientar, mas a expressão não é perfeita. Na verdade, não se trata de anjos, mas apenas de seres despidos de suas vestes corporais, preocupados em fazer o bem e auxiliar no avanço moral e intelectual da humanidade. A caridade, o desejo de ajudar a quem precisa, é uma característica natural do espírito esclarecido e, no plano dos amigos desencarnados, é uma grande satisfação receber a incumbência de servir aos outros como guardião fraterno.

Muitas vezes, existem relacionamentos já consolidados anteriormente que determinam as ligações entre um protetor e seu escolhido. Um avô falecido, por exemplo, pode optar ou ser designado para velar pelo bem-estar de seu neto. Um ex-marido pode olhar por sua esposa ainda viva, um filho pelo pai e assim por diante. Ao longo de muitas existências, amizades e parentescos vão, naturalmente, firmando-se e determinando laços de afeto. Mas, em muitos casos, os protetores escolhem seus orientados por razões que fogem à simples simpatia, à preferência familiar ou pessoal. Um espírito esclarecido pode escolher um caso difícil justamente por se tratar de uma missão desafiante. Um bandido ou assassino atrai, infelizmente, muitos desencarnados, igualmente infelizes, que compartilham seus desequilíbrios e paixões negativas. Mas sempre há, mesmo junto aos mais embrutecidos, espíritos puros que, por amor ou simples ideal, lutam por auxiliar, esclarecer e indicar o caminho da regeneração e da luz.

Também existe um tipo de assistência que se processa sem o escudo do corpo físico a se interpor entre o benfeitor e o amparado. Os desencarnados, em seus diversos graus evolutivos, também possuem amigos preocupados com seu avanço na infinita senda do progresso.

A reunião que ocorria aquela noite dizia respeito a um desses casos. Os orientadores de Paulo, atendendo a um pedido dele, decidiram que ele estava autorizado a dar assistência a Eulália, o pobre espírito sofredor que, devido à sua mágoa e desequilíbrio, tornara-se inclemente obsessor do rude Otaviano. Para poder executar sua tarefa, Paulo recebeu ali diversas informações sobre o passado daquela pobre alma, compreendendo de onde vinham as amarguras que lhe torturavam tão acremente. Também foi informado de que seria necessário reformular o relacionamento dela com o obsedado, através de terapia. O primeiro passo seria convencer Eulália a colaborar com o tratamento espiritual.

Paulo agradeceu a seus mentores por aquela abençoada missão. Assim que eles partiram, iluminando o céu noturno, ele flutuou em direção à senzala, onde pressentia a presença de sua nova "paciente".

Eulália estava de fato no interior da senzala, onde os cativos aglomerados, exaustos da lida nos campos, dormiam exaustos. Pacificamente, ela velava o sono do menino Tomé. Não compreendia o motivo de seu interesse, mas, desde que vira o pequeno ali, aprisionado, tão adoentado e frágil, não conseguia mais pensar em nada diverso. Tratava-se de um espírito dominado por recalques e mágoas, mas, no fundo, ela não era má. Tanto que lhe parecia impossível compreender por que motivo Otaviano tinha imposto um castigo tão duro a um ser tão indefeso.

Paulo observou-a por uns instantes ali, levemente inclinada sobre o garoto adormecido, e ficou feliz por sentir que irradiava tímidas, mas indisfarçáveis emanações de compaixão. Como fizera na ocasião de seu primeiro encontro com o espectro, ele se utilizou do ectoplasma cedido pelos escravos adormecidos para conseguir um certo grau de materialização. Assim que lhe divisou a claridade, Eulália afastou-se para um canto do aposento, tomada de susto.

— Quem está aí?

— Sou eu, Eulália: Paulo. Lembras-te de mim?

— Como poderia me esquecer? O que queres de mim, afinal?

— Tudo que desejo é ajudar-te, minha irmã.

— Acaso pedi-lhe alguma ajuda?

Evitando um confronto direto que podia afugentá-la, Paulo desviou o assunto.

— Vejo que estás preocupada com o menino Tomé.

— Ele está doente. Não vai suportar muito tempo nesta cova de pedra.

— Creio que posso ajudá-lo. Mas só conseguirei fazê-lo com seu auxílio.

Ela se espantou.

— Que poderíamos fazer se Otaviano decidiu prendê-lo e não parece querer mudar de ideia?

— Tu és a única que pode influenciar a opinião de Otaviano.

Eulália se envaideceu com a possibilidade.

— Achas mesmo que ele me ouviria?

— Sem dúvida. És a única que tem alguma chance de influenciá-lo no momento.

O espectro ficou todo satisfeito com a importância que aquele ser luminoso lhe dava. Foi o suficiente para que abaixasse um pouco a guarda e se aproximasse. Paulo percebeu que sua abordagem surtia efeito e, sabiamente, prosseguiu pelo mesmo caminho.

— Sei que gostas muito de Otaviano.

— Mais do que tudo.

— Acredito que podes ajudar este garoto e, de quebra, estarás auxiliando teu amado.

— Otaviano é um homem poderoso. Não precisa da ajuda de ninguém.

— Aí é que tu te enganas. Ele está precisando de teu amparo como jamais precisou.

A triste figura comoveu-se com a possibilidade de fazer um bem àquele que considerava sua razão de existir.

— Por Otaviano, faço tudo. Diga-me, espírito de luz, de que ele precisa?

— Tudo te explicarei com detalhes, minha cara amiga. Mas antes preciso que compreendas um fato muito importante: para que possas ajudar a ele e ao garoto, é preciso que permitas, antes, que eu te ajude.

— Ajudar-me em quê?

— Eu conheço um local muito aprazível, onde podes encontrar paz e refazimento. Lá encontraremos sossego para conversar à vontade.

— Não quero sair daqui. Jamais me afasto de meu amado.

— Otaviano está dormindo agora. Não há nenhum perigo, eu te garanto. Passaremos no local de que falo um tempo que, embora nos pareça longo, aqui na Terra contará como poucas horas. Voltaremos antes que ele acorde, eu te garanto.

— Não sei se devo confiar em ti.

— O que tens a perder? Meus superiores deram-me a chance de te levar a conhecer alguns fatos de tua própria vida antes do desencarne. São acontecimentos que se apagaram de tua memória e que deves rememorar.

— Não compreendo. O que queres dizer com desencarne?

— Sabes que estás morta, não sabes, Eulália?

O espectro ficou perplexo.

— Como posso estar morta se penso, falo e escuto normalmente?

— A morte não é um fim para a consciência. Ela é apenas um novo estágio de experiência. Tu continuas viva, sem dúvida, mas em espírito. Quero que te recordes de quem eras quando ainda vivias na carne.

— Em que eu era diferente do que sou agora?

— Só te contarei se vieres comigo ao sítio de que te falei.

— Fica distante daqui?

— No nosso mundo, as distâncias, assim como o tempo, são relativos. Digamos que, para nós, é bem perto.

— Então irei. Mas só se me prometeres que volto assim que tenha vontade.

— Eu te prometo, minha irmã. És livre. Tudo que quero é fazer-te um bem. Anda, coragem, toma-me a mão.

Eulália, cautelosamente, flutuou para mais perto de Paulo. Assim que lhe deu a mão, uma sensação de paz e calor envolveu todo o seu ser. Uma névoa dominou-lhe a mente, mergulhando-a numa vertigem. De repente, uma grande explosão de luzes de múltiplas cores invadiu o espaço à sua volta, girando em espiral, em velocidade inimaginável. Ela e Paulo alçaram-se no espaço, mergulhando neste rodamoinho de luzes que, funcionando como porta entre duas dimensões, lançou-os a outro plano da Criação.

30
Cai um véu do passado

Eulália sentiu que a vertigem melhorava e, pouco a pouco, pôde divisar o lugar para onde Paulo a havia levado. Era uma cidade clara e arborizada, com inúmeros edifícios de linhas elegantes e ruas capeadas de um material translúcido e brilhante, semelhante ao vidro. Tudo de uma alvura ímpar, enfeitado por canteiros de flores multicoloridas e aprazíveis fontes de água cristalina. Veículos luminosos transitavam pelas muitas alamedas, mas a maioria dos espíritos transitava flutuando, com graciosa desenvoltura.

— Onde estamos? — inquiriu Eulália, perplexa. — É aqui o paraíso de que fala a Bíblia?

Paulo riu-se da pergunta.

— Não, querida irmã. O paraíso de que fala a Bíblia é apenas uma metáfora, só existe em nosso mundo interior. Este lugar é apenas uma cidade num planeta distante da Terra. Venha, vou te levar ao local onde poderemos conversar.

Paulo entrou com Eulália em uma das casas da belíssima colônia espiritual. Ali encontraram uma sala confortável, de formato abobadado, lembrando o interior de um ovo. Ali, além de alguns móveis elegantes, havia muitas almofadas onde puderam se acomodar.

Paulo tomou uma jarra que estava sobre um canapé ao centro da saleta e serviu um copo de um néctar fluidificado, oferecendo-o à sua nova amiga.

—Vamos, beba. Foi preparado especialmente para ti e te fará muito bem.

Eulália sentia sede, mas mostrou-se incomodada por causa de seu longo véu negro. Virando o rosto para o outro lado, protegendo-se da vista de Paulo, ergueu-o apenas o suficiente para sorver o conteúdo do copo. Não sabia o que era aquele estranho líquido, mas achou-o delicioso e revigorante.

— A beberagem te deixará mais fortalecida. Deita-te um pouco e procura relaxar. Depois teremos nossa palestra.

Mais segura das boas intenções daquele espírito, Eulália recostou-se nas almofadas e, placidamente, adormeceu. Há muito tempo não tinha um sono tranquilo e reparador. Paulo, satisfeito por ter conseguido conquistar a confiança daquele espírito em desequilíbrio, retirou-se para deixá-la repousar em paz.

Eulália despertou sentindo-se muito revigorada. Mas parecia ter passado uma eternidade e, por um instante, ela ficou alarmada, com medo de ter se ausentado da mansão Moura Ferraz por tempo demais. Imediatamente, Paulo retornou ao aposento, pressentindo sua volta à consciência.

— Podes continuar relaxada, minha irmã. O tempo aqui é diverso daquele a que estás acostumada na Terra. Por mais que demoremos, levar-te-ei de volta antes do amanhecer, assim como prometi.

Sentindo-se de novo tranquila, Eulália voltou a se recostar. Paulo sentou-se numa poltrona, diante dela, e encarou-a por uns momentos.

— Por que usas esse véu? — perguntou enfim, com voz paternal.

— Eu não sei — respondeu ela, confusa. — Desde que me lembro, carrego-o atado ao rosto.

— Gostarias de saber o motivo?

— Se eu não sei, como é que tu poderias saber?

— Se concordares, faremos uma viagem por tuas lembranças ocultas. Meus superiores deram-me permissão para conduzir-te nesta jornada. Concordas?

— Se achas que isso me fará bem...

A beberagem fluidificada e o longo período de sono reparador haviam deixado Eulália mais lúcida e a preparado para a sessão de regressão que Paulo agora propunha.

— Tudo o que deves fazer é acalmar teu coração e permitir que teus pensamentos voem sem amarras, como as nuvens do céu. Mantenha os olhos postos no forro e deixa-te levar.

Ela obedeceu e respirou bem fundo, pousando a vista no teto abobadado e branco. De repente, Eulália surpreendeu-se por testemunhar um estranho fenômeno: o teto e as paredes circulares da saleta começaram a se abrir, deixando entrever atrás deles uma exuberante paisagem natural, encimada por um céu azul ensolarado. Bastou que ela movimentasse um pouco os olhos para perceber que havia deixado o local da experiência, transferindo-se dali para um extenso campo verdejante, próximo a uma vistosa colina. Levantando-se, extasiada, reparou que Paulo continuava por perto, postado ao seu lado.

— Eu moro aqui — disse ela, encantada. — Atrás daquela colina.

—Você morava — explicou o benfeitor. —Tudo o que vês agora são lembranças.

—Venha.Vamos até minha casa. Estou atrasada para um encontro.

Eulália e Paulo flutuaram por aquele extenso campo e, em questão de segundos, ultrapassaram a colina que dominava o horizonte. Atrás dela, um pequeno agrupamento de casas humildes despontou, à margem de uma estrada de terra vermelha e pedregulhos.

— É mesmo aqui — murmurou ela, com emoção. — Estás vendo a casa de janelas verdes? É ali que vivo.

— Que vivias — corrigiu Paulo. — A casa era tua nos tempos em que ainda estavas encarnada.

Ao chegarem ao casebre que Eulália apontava, postaram-se à janela e puderam ver o interior. Uma jovem negra, visivelmente grávida, cantava alegremente, enquanto cerzia com doçura uma roupinha de bebê.

— Quem é esta mulher? — perguntou Eulália, desconfiada. — O que ela faz em minha casa?

— Continue observando — aconselhou o benfeitor. — Acabarás por compreender tudo.

A jovem gestante encerrou a costura e colocou-a sobre uma mesinha. Então, segurando a barriga já de uns oito meses, levantou-se e se aproximou da janela. A luz bateu em cheio em seu rosto gracioso. Ela tinha grandes e penetrantes olhos negros, pele da cor do ébano, traços africanos e cabelos bem crespos, presos num coque.Vestia um simples vestido de xita, denotando sua evidente pobreza.

— E Otaviano que não chega? — murmurou consigo mesma a mocinha, visivelmente apreensiva.

Eulália ficou chocada. Aquela negra conhecia seu amado de onde?

Imediatamente, o cenário mudou. De uma perspectiva mais distante, Eulália e Paulo assistiram à chegada de uma carruagem negra, que se aproximava levantando uma grossa poeira atrás de si.

O carro parou a uns cem metros da casa, próximo a uma curva e o cocheiro, apressado, abriu a portinhola para o desembarque de um homem misterioso, coberto por uma impenetrável capa preta.

— Quem é ele? — questionou Eulália, curiosa.

— Verás em breve — tornou Paulo, sempre ao seu lado.

O homem da capa preta foi até a casinha de janelas verdes e entrou, recebido com grande alegria pela moça negra. Os dois se abraçaram e ele retirou a capa, revelando-se.

— É Otaviano! — gemeu Eulália, espantada. — Ele é amante daquela mulher!

— Acalma-te — aconselhou Paulo. — Ouça o que eles conversam.

Dentro da saleta humilde, Otaviano acariciou com carinho o ventre protuberante de sua amada.

— Como vai a gravidez?

— Sinto-me bem. Teu filho vai nascer em breve.

— Olha, trouxe dinheiro para que compres mantimentos. Deves estar forte e bem alimentada para o parto.

— Queres ir comigo até a feira para comprar legumes?

— Se assim desejas, já sabes o que exijo.

— Agora mesmo, meu amor.

A moça foi até o armário e dele tirou um longo véu negro, cobrindo com ele a cabeça e escondendo o semblante. Ao vê-la protegida dos olhares alheios, Otaviano voltou a vestir a capa, tomou-lhe o braço e saíram.

Foi o suficiente para que Eulália compreendesse tudo.

— Meu Deus! Sou eu!

31
Um novo guardião

O choque que Eulália sentiu ao descobrir que era ela a moça negra que vira trocando intimidades com Otaviano fez com que ela despertasse na saleta abobadada onde iniciara a viagem ao passado. O pranto lavava-lhe as faces. Paulo, prestimoso, pousou o braço sobre seus ombros, dando-lhe amparo.

— Isso mesmo. Chora que te fará bem. Sei que não é fácil relembrar certas verdades.

— Ele me amava — soluçou Eulália, presa da mais profunda emoção —, mas tinha vergonha de mim.

Era a mais pura verdade. Tudo se tornava novamente claro para ela. Durante anos, ela mantivera um relacionamento amoroso com Otaviano, mas sempre em segredo. Embora ele a tratasse com carinho entre quatro paredes, renegava a relação da porta de entrada para fora.

Eulália era uma negra livre. Fora alforriada por seu dono, um homem de bons princípios que, ingressando no Partido Liberal e abraçando a causa abolicionista, um ideal em grande efervescência no Brasil da época, tivera a nobreza de soltar todos os seus cativos.

Vivendo como costureira e prestando pequenos serviços domésticos para os abastados da região, Eulália conhecera Otaviano numa ensolarada tarde de verão. Ela lavava roupas à margem de um rio, defendendo com tal labuta alguns trocados. Otaviano, que contava apenas dezoito anos à época, caçava com um grupo de amigos nas imediações. Ele tinha alvejado uma perdiz e vinha a cavalo em busca de seu troféu. Por entre a vegetação da margem oposta do riacho, ele avistou Eulália. Embora fosse extremamente arrogante e preconceituoso, ele se espantou com a expressiva beleza da negra que, cantarolando, batia roupas nas pedras do arroio.

Aproximando-se, Otaviano conversou com ela sobre amenidades. Questionou sobre o melhor local para pescar nas redondezas e pediu uma indicação de onde poderia comprar equipamentos para os cavalos de sua tropa. Enquanto conversavam, Eulália também se encantou com a elegância dos traços do desconhecido e com seu charme varonil. Convidou-o para um café em sua casa e, dessa gentileza, nasceu uma intensa e proibida paixão.

Otaviano não se incomodou de se deitar com uma negra e tampouco se desesperou, anos depois, quando soube que ela havia engravidado de um filho seu. Continuou a dar-lhe dinheiro para pequenas compras e parecia decidido a mantê-la como amásia, financiando a criação de seu rebento. Tudo o que exigia era que ninguém jamais soubesse de sua ligação. Nada deveria ameaçar os projetos grandiosos que acalentava para o futuro. Tencionava casar com uma moça da alta sociedade, branca e bem conceituada como ele e não via conflito entre tal plano e seguir encontrando Eulália às escondidas.

Para que ninguém desconfiasse de seu conluio amoroso com uma negra, Otaviano tomava algumas precauções. Quando a visitava, vinha sempre escaramuçado, incógnito debaixo de uma capa preta. Desta forma, ninguém poderia descobrir que o homem que entrava e saía da casa de janelas verdes era ele. Foi deste hábito que surgiram, na vizinhança, histórias sobre um homem misterioso, que o povo logo começou a chamar "o Capa Preta".

Nas ocasiões em que o casal saia junto, ele exigia terminantemente que ela usasse um véu.

— Quando eu morri — prosseguiu Eulália, com amargura — fiquei muito confusa. Nem mesmo compreendia direito que tinha morrido. Só recordava meu nome. E sabia também que amava Otaviano de Moura Ferraz. Quanto ao véu, mantive-o sempre atado ao rosto, pois queria, como no passado, contentá-lo. Agora vejo o quanto fui fraca. Como pude me submeter a tanto? Cheguei a esquecer do meu próprio rosto, apenas para agradá-lo. E agora me odeio por isso.

— Acalma-te, minha querida irmã. Agora já recordas quem foste e aceitas o fato de que morreste. É um passo importante para que te reequilibres e reencontres tua felicidade.

— Ainda falta um detalhe.

E, para grande satisfação de Paulo, Eulália levou as mãos ao rosto e, num gesto decidido, livrou-se do véu que recobria suas belas feições. Então, chegando a uma fonte de água que enfeitava um dos cantos da sala, admirou seu reflexo. Era ainda tão bela quanto fora na Terra.

— E pensar que, influenciada por Otaviano, passei anos odiando as pessoas da minha raça, sem nem compreender o real motivo de tal aversão.

— Apenas reproduzias o comportamento dele, com a intenção de mantê-lo afeiçoado a ti.

— Como posso amar tanto a um homem tão mesquinho e doentio?

— Não alimentes o rancor, eu te peço. Tu e Otaviano já tinham uma forte ligação anterior, proveniente de outras vidas. No tempo certo, tu também te lembrarás desses fatos antigos. O que ele necessita agora é de teu perdão.

— Agora percebo o quanto ele está perdido. É um homem rancoroso, egoísta, tão miseravelmente sozinho!

— Por isso mesmo, ele precisa do teu auxílio.

— Há esperanças para Otaviano? Alguém que já desceu tão baixo pode ter a chance de se redimir e melhorar?

— Um espírito, por mais perdido que esteja, sempre pode reencontrar o caminho certo. Lembra-te do exemplo de Jesus quanto à ovelha desgarrada. Ele não se esquece de nenhum dos seus filhos. E o mais afastado da senda da verdade é o que mais será ajudado. A lei do progresso não abandona ninguém. Todos os que caíram têm a chance de se reerguer e recomeçar.

— Se eu puder ajudá-lo de alguma forma, então farei o que for preciso. Estou amargurada por lembrar do quanto me rebaixei aos seus caprichos, mas sei que há, no fundo do coração de Otaviano, uma centelha de bondade.

— A verdadeira essência de todos os homens é divina, Eulália. Por isso, há sempre esperança. Nos últimos anos, foste uma sombra na vida deste homem, um espírito obsessor que compartilhava dos mesmos tristes desatinos que lhe dominavam a mente. Agora que despertaste deste pesadelo, posso auxiliar-te para que te fortaleças a ponto de passar a ser não mais um espectro que obsedia, mas uma alma irmã que consola.

— Achas mesmo que posso fazer por ele o que ora estás fazendo por mim?

— Sem dúvida. Em vez de espírito obsessor, tu podes passar a ser um guardião.

— Nada no mundo me daria satisfação maior.

— Fico feliz que penses assim. De hoje em diante, servirei como teu orientador. Eu te darei aulas e tu me acompanharás em serviços de assistência.

— É uma honra para mim. Conta comigo, Paulo.

— A partir de hoje, até a eternidade, tu serás uma mensageira do Bem. E quanto mais esclarecida e equilibrada te tornares, mais terás força para esclarecer e equilibrar teu protegido.

— Agradeço-te por esta chance, do fundo do meu coração.

— Deves agradecer a Deus, que é quem nos guia. Ouça-me com atenção: tua primeira missão é salvar a vida do menino Tomé. A segurança dele depende de nossa influência sobre os moradores daquela casa, principalmente Otaviano.

— Eu compreendo. Colocarei toda a energia que existe em meu ser em nome desse objetivo. Agora, se me permite, será que posso lhe dar um abraço?

Paulo não respondeu. Apenas abriu seus braços de luz. Eulália abraçou-o com força e novamente derramou lágrimas. Só que não eram mais de desespero, e sim de esperança e gratidão.

༺꙰༻

Quando Eulália e Paulo retornaram à Terra, o dia amanhecia. Assim como ele prometera, tinham se ausentado poucas horas de acordo com o tempo dos homens. Para Eulália, porém, era como se um longo período tivesse se passado.

— Quanto tempo eu dormi naquele lugar para onde me levaste?

— Muito mais do que imaginas. Como te disse antes, o tempo é muito relativo no mundo dos espíritos.

— Sinto-me tão mais forte.

— Fico contente. Vamos precisar de muita força para vencer as predisposições que dominam Otaviano.

— Tomé está tão fraco que temo que não suporte mais um dia na senzala.

— Vamos para junto dele, pois pretendo dar-lhe um passe magnético. Depois esperaremos pela melhor oportunidade de agir.

— Será que posso assisti-lo enquanto ministras o passe?

— Mais do que isso. Tu contribuirás com tuas orações. És agora um espírito guardião como eu, lembras-te?

Eulália sorriu, animada. Sentia que ainda tinha muito para crescer e aprender, mas o primeiro e mais importante passo tinha sido dado. Usando seu livre-arbítrio, ela escolhera voltar a ser feliz. Se pudesse, além disso, influenciar Otaviano e auxiliar na preservação da vida de uma criança, seu júbilo seria completo.

32
No ninho da serpente

Otaviano acordou tarde, vestiu-se e calçou suas botas, pois pretendia cavalgar. Nos últimos tempos, aquela era a única distração que lhe restava. Ao trabalho na tecelagem, já nem aparecia e às insistentes mensagens do conde Albuquerque de Sá respondia, não fugindo totalmente à verdade, que andava doente, incapaz de cumprir com suas obrigações profissionais.

A cavalgada teve que ser adiada para mais tarde, porém. Assim que ele terminou de tomar o café com leite e comer os biscoitos que Tonha lhe oferecera, Reginaldo entrou na sala de refeições com uma novidade.

— Tem um tal doutor Euzébio aí na porta querendo falar com o patrão.

— Doutor Euzébio?

— Disse que é médico. Euzébio Cardoso.

— Não requisitei a visita de nenhum médico — resmungou Otaviano, contrariado.

— Parece muito distinto. Insistiu que o assunto era do interesse do senhor.

— Está bem — aquiesceu Otaviano, impaciente. — Deixe que entre. Irei ter com ele agora mesmo.

Reginaldo assentiu e retirou-se.

೧೧

Depois dos cumprimentos de praxe, o doutor Euzébio esclareceu a um antipático Otaviano o motivo — ou pelo menos, o motivo presumido — de sua visita.

— Sou médico há quase quarenta anos e, embora não anseie mais nenhum renome além do pouco que já angariei, vivo ainda dos proventos de minha profissão.

— Creio que já nos vimos em alguma recepção no palácio imperial — recordou-se Otaviano, contrariado. — Mas prossiga, doutor. Em que posso lhe ser útil?

— Após décadas habitando o mesmo local de nossa cidade, decidi transferir minha residência e consultório para esta região. Tinha uma clientela fiel em meu antigo endereço, mas acredito que agora perderei parte dos antigos pacientes devido à distância.

— Compreendo. Vem então oferecer seus préstimos.

— Perfeitamente, meu caro senhor. Já visitei algumas propriedades próximas e agora cá estou pelo mesmo motivo. Caso o senhor ou alguém de sua família necessite de algum tipo de assistência médica, estarei ao seu inteiro dispor.

Otaviano, nos últimos tempos, vinha se incomodando com o choro e os lamentos que, volta e meia, ouvia vindos do quarto de sua velha avó. Embora estivesse ocupado demais com sua loucura para preocupar-se com o bem-estar de dona Valéria, julgou que aquela era uma boa oportunidade de se livrar de seus incômodos gemidos.

— Tenho uma avó que já está bastante idosa. Ela reclama constantemente de dores nas costas e nas juntas.

— O reumatismo é muito comum depois de certa idade — disse o doutor, solícito. — Se o senhor concordar, posso examiná-la e recomendar alguns lenitivos e unguentos.

— Creio que é uma boa ideia. Não o acompanharei porque estou bastante ocupado. Minha cozinheira Tonha fará companhia ao doutor durante a consulta.

— Por mim, está perfeito, senhor Moura Ferraz.

༄

O doutor Euzébio foi conduzido ao quarto de dona Valéria pela prestativa Tonha e ficou compungido ao conhecer a triste situação em que vivia a velha dama. Examinando-a, ele descobriu nela alguns incômodos bem característicos das pessoas de idade avançada. Ela tinha de fato um reumatismo crônico, que lhe havia inchado as juntas dos dedos das mãos e dos pés. Também sofria de bico de papagaio, o que lhe causava as dores nas costas. Mas o mal que mais a castigava logo ficou claro para o doutor: era mesmo uma profunda melancolia.

Perfeitamente lúcida, dona Valéria vivia encerrada naquele quarto luxuoso e dominado pela penumbra. Não lia, não orava, não conversava com ninguém, exceto com Tonha, quando esta lhe servia as refeições.

— A senhora ainda consegue andar sem o auxílio de muletas — sentenciou o médico. — Por que não passeia pela propriedade durante as manhãs? As caminhadas e o sol matutino lhe fariam muito bem.

— Não gosto de andar pelo terreiro — explicou ela. — Tenho tanta dó dos escravos que prefiro nem vê-los.

— Entendo — concordou o doutor. — Sugiro então que faça passeios pelas ruas ou então em alguma praça próxima daqui. Dona Tonha pode acompanhá-la.

— Não sei se o patrão permitiria. — interferiu Tonha, preocupada.

— Conversarei com ele e o convencerei — tornou Euzébio. Também vou receitar alguns medicamentos que aliviarão as dores que a senhora vem sentindo, mas minhas principais recomendações são alimentação saudável e ar puro. O que mais lhe dói, dona Valéria, é a evidente tristeza que a domina. O corpo respira aliviado se a mente está alegre e em paz.

— Alegria e paz são tudo o que não se encontra nesta casa — respondeu a senhora, com sinceridade.

Penalizado, o doutor Euzébio foi até a janela e escancarou as cortinas. Seus olhos percorreram o terreiro e pôde avistar, muito ao longe, um grupo de negros trabalhando no roçado.

— Dona Tonha, chegue aqui um minuto, por gentileza.

Tonha obedeceu, ressabiada.

— Os remédios que vou prescrever devem ser feitos na botica ainda hoje. À noite já podem ser oferecidos com uma chávena de chá. A partir de amanhã, devem ser dados duas vezes por dia, de manhã e à noite. Compreendeu?

— Sim, senhor.

Próximas aos dois, duas presenças invisíveis ouviam a conversa. Eram Eulália e Paulo, cientes de que o médico estava ali antes de tudo para conseguir informações acerca de Tomé. Ambos esperavam ansiosamente que a conversa se dirigisse por esse caminho.

— Há muitos escravos na propriedade, não é, dona Tonha?

— Sim, senhor. O patrão é quem mais tem escravos por estas bandas.

— Acaso chegou a esta casa, nos últimos tempos, um menino negro de dez anos chamado Tomé?

Tonha engoliu em seco. Sabia muito bem de quem o médico falava. Era o menino livre que o patrão havia enclausurado na senzala, contrariando a legalidade. Ela temia contar a verdade, entretanto, pois sabia que, se Otaviano descobrisse, ela é quem sofreria as consequências.

— Não sei de nenhum menino — mentiu ela, enfim.

— Estás certa disto?

— Garanto ao senhor.

Euzébio suspirou, preocupado. Tonha parecia nervosa, mas mesmo que estivesse mentindo ele não tinha como arrancar-lhe a informação. Também não teria justificativa para ir até a senzala verificar por si mesmo. Por um instante, ele achou que sua intromissão na casa do inimigo tinha sido em vão, exceto pela oportunidade de examinar a pobre dona Valéria.

— Se a senhora descobrir algo a respeito, por favor, me procure — disse ele, entregando um cartão. — A criança de que lhe falo tem uma saúde frágil, sua vida pode estar em jogo.

Tonha guardou o cartão, incomodada, mas manteve-se muda.

Enquanto Euzébio ajeitava seus equipamentos médicos na valise, Eulália se aproximou da cozinheira, dizendo com grande convicção:

— Tonha, sei que não queres contar de Tomé por temer que Otaviano descubra. Mas eu te garanto que, mesmo que isso aconteça, não permitirei que ele te magoe. Tomé está muito doente, se não o ajudares agora, estarás contribuindo para sua morte. Otaviano é insensível e maldoso, mas tu não és. Eu te conheço e sei que és boa e generosa. Ajuda o menino, Tonha! Em nome de Jesus, ajuda o menino!

O doutor Euzébio já se despedira de dona Valéria e chegava à porta do quarto para partir quando Tonha, influenciada pelos conselhos de Eulália, não resistiu e disse, num rompante:

— O menino está na senzala. Tem muita febre e tosse o tempo todo. Não sei quanto tempo resistirá.

Os olhos de Euzébio brilharam. Sua vinda não tinha sido em vão.

— Deus lhe pague, dona Tonha. Voltarei muito em breve para libertá-lo, acompanhado da polícia.

Na invisibilidade, Paulo cumprimentou Eulália com satisfação:

— Tu te saíste muito bem, Eulália. Vejo que serás um excelente espírito guardião.

Eulália, porém, não teve tempo de comemorar.

— Tem algo errado, Paulo! Sinto que Otaviano está por perto.

Ela e Paulo flutuaram em direção ao corredor e, atravessando a parede do quarto, tiveram a confirmação do que Eulália pressentira. Otaviano estava ali parado, próximo à porta. Passara pelo corredor exatamente no momento em que o doutor Euzébio proferia suas últimas palavras. Parara para escutar e sua expressão sombria não deixava margem a dúvidas: estava ciente de que seu crime fora descoberto.

— Meu Deus! — gemeu Eulália. — Agora tudo está perdido!

33
Revolta dos escravos

Otaviano despediu-se do doutor Euzébio todo sorridente. Não queria que o médico percebesse que, por dentro, sua alma se agitava num turbilhão.

Aquele homem sabia de seu ignomioso crime. Raptara uma criança que, embora da raça negra, era livre, e a mantivera em cativeiro por semanas. Quando aquele intruso voltasse com a polícia como prometera a Tonha, ele teria que responder pelo delito perante a lei. E a última coisa que desejava era que seu nome fosse envolvido em novo escândalo. Depois do casamento fracassado com Heloísa, ele virara o assunto do momento nas fúteis rodas sociais da burguesia carioca. Não houve quem não gracejasse de sua incômoda posição de noivo abandonado no altar. Se tivesse que encarar nova vergonha pública, estaria definitivamente esfregando o nome dos Moura Ferraz na lama.

Em seu orgulho pueril, Otaviano não percebia que as tolas aparências pouco contam. Nome, status, fama, tudo isso pelo que a vaidade anseia são meras sombras que passam, pegadas que o mar apaga da areia. O que conta mesmo na vida, o que permanece são nossos sentimentos, nossos atos em relação ao próximo, nosso esforço em nos aperfeiçoar. Nesses quesitos, ele pecava há muito e, mesmo quando ainda era incensado por seus pares, de fato pouco ou nada valia.

Em sua ânsia de se safar da vergonhosa exposição que o caso lhe imporia se fosse divulgado, Otaviano maquinou uma saída: devia sumir com o moleque antes da chegada da polícia. Ordenaria a seus capangas que o escondessem num local distante e, quando fosse interpelado, cinicamente alegaria desconhecer o assunto. O doutor Euzébio Cardoso, seu delator, é que seria então jogado ao ridículo. Ele sairia do incidente com a pecha de mentiroso e injusto, execrado por ter colocado em dúvida a integridade de um cidadão ilibado. Quanto a Otaviano, assumiria com prazer o papel de vítima.

༺ஓ༻

O ruído de Tonha descendo as escadarias tirou Otaviano de seus devaneios. Incontinente, ele partiu para cima dela, cheio de fúria.

— Traidora! Hás de me pagar!

Tonha sentiu o sangue gelando-lhe nas veias. Seu irascível patrão havia descoberto a denúncia que fizera ao médico.

Cego de rancor, Otaviano ergueu o braço, pronto a estapear a cozinheira, mas, nesse exato momento, um comando interior fez com que interrompesse o gesto no ar.

Ao seu lado, invisível, Eulália falava-lhe com segurança ao ouvido:

— Se tocar nesta mulher, jamais voltaremos a nos ver. Sou a única que ainda te ama, mas te abandonarei para sempre.

A ameaça, percebida apenas inconscientemente, fez efeito.

— Vai-te para a cozinha! — berrou ele, recolhendo o braço. — Depois conversaremos. Agora preciso me apressar para desfazer a esparrela em que me atiraste.

Tonha fugiu para o interior da casa, enquanto Otaviano seguia às pressas para o fundo da propriedade. Ele se lembrara de um bom lugar para esconder o garoto: uma velha cabana de caça que usava nos tempos em que Eulália ainda era viva.

A lembrança da antiga amante fez com que ele se emocionasse por um instante, mas não havia tempo para reminiscências sentimentais.

Mal sabia ele que Eulália o acompanhava de perto, secundada por Paulo, ambos muito preocupados com o desvario de seus atos.

Chegando ao fosso gradeado da senzala, Otaviano berrou por Zaqueu, um de seus capatazes, que andava por perto. Mandou que o empregado destrancasse a cela e ordenou que ele levasse o garoto para o tal esconderijo distante. Zaquel destravou o pesado cadeado de ferro, mas não teve tempo de retirar Tomé de dentro da grota. Pela estrada arborizada dos fundos do terreiro, Jeremias vinha chegando em grande apuro, correndo com toda a força de suas pernas.

Arfando, coberto de suor nervoso, ele parou diante de Otaviano e agarrou-lhe os ombros com as mãos sujas.

— Fuja, patrão, depressa! Salve sua vida!

Otaviano ficou furioso com o estouvamento do peão.

— De que estás falando, homem? Enlouqueceste?

— Os escravos que estavam no roçado iniciaram uma revolta. Atacaram nossos homens munidos de paus e pedras. Dioclécio foi golpeado com uma enxada e está estendido sobre o próprio sangue lá na estrada do canavial. Os outros fugiram para não acabarem do mesmo modo.

— Por que não usaram as espingardas? — urrou Otaviano, desesperado. — Deviam ter deitado chumbo sobre os negros!

— Não tivemos tempo de reagir, patrão. Eles aproveitaram quando estávamos relaxados, à sombra, almoçando. Roubaram as armas e vêm nesta direção.

— Pois então vamos resistir! Tenho mais armas lá dentro, no escritório.

— Não conte comigo, patrão. Aqui não fico nem mais um segundo.

E partiu em grande carreira, enquanto Otaviano praguejava, chamando-o covarde e poltrão.

— Fujamos também, meu senhor! — gemeu Zaqueu, apavorado. — Já posso avistar os escravos se aproximando pela estrada.

De fato, a poucas centenas de metros dali, um grupo de negros se aproximava, munido de espingardas, ferramentas e armas improvisadas.

— Eles são muitos, patrão — continuou Zaqueu, horrorizado. — Partamos enquanto é tempo.

— Maldito! Covarde! Dá-me então tua espingarda e deixa-me lutar sozinho. Ninguém há de me expulsar de minha própria terra.

O capataz não pensou duas vezes. Passou a Otaviano a arma que carregava ao ombro e partiu às carreiras, na mesma direção em que seguira Jeremias.

— Não morro sem levar dois ou três comigo — rosnou Otaviano a si mesmo, engatilhando a arma.

Foi então que ele ouviu uma voz de criança ao seu lado:

— O senhor vai me soltar?

Fraco, com as pernas bambas devido à febre, Tomé havia saído do interior da senzala e apoiava-se à porta gradeada.

— Volta para dentro, moleque! — gritou Otaviano. — Aqui fora, vai ter guerra. Protege-te lá dentro antes que eles cheguem!

Tomé viu o grupo furioso que se aproximava pela estrada. Pensou em aproveitar a confusão para fugir, mas uma forte tontura o impediu. Ainda tentou se apoiar às barras de ferro do portão, mas tudo se apagou. Seu corpo frágil foi ao chão e ali permaneceu, inerte, bem à entrada do claustro.

Otaviano viu que o menino tinha desmaiado, mas não teve tempo de ajudá-lo. Os revoltosos já estavam quase chegando e ele tinha que agir.

Prevendo que seria destroçado pela turba, procurou um sítio onde pudesse ocultar-se. A alguns passos dali, corria um riacho quase seco, com altas ribanceiras de lama vermelha. Atirou-se ali dentro, com a intenção de usar o local como trincheira, e posicionou-se para atirar.

"Daqui posso acertar vários, antes que me achem", pensou ele, decidido a matar e morrer.

Mas seus cálculos estavam errados. Alguns escravos fugiram por outro flanco do terreno e vinham chegando às suas costas. Um deles o avistou ali entocado e se aproximou, silenciosamente. Era Simão, um jovem que certa vez ele chicoteara quase até a morte sem nenhuma justificativa. Diante da oportunidade de se vingar, o rapaz não titubeou: acertou-lhe o topo da cabeça, com toda força, com um pedaço de pau. Depois, prosseguiu a corrida em direção à liberdade.

O sangue brotou instantaneamente e escorreu pela testa de Otaviano, turvando-lhe a vista. A espingarda, inútil, escorregou-lhe da mão e caiu ao solo. Ele ainda deu dois passos trôpegos antes que o corpo desabasse pesadamente à margem do ribeirão.

34
Revelação

Depois do que pareceu uma eternidade de silêncio e escuridão, Otaviano abriu os olhos e surpreendeu-se por ver, diante de si, o rosto de sua querida Eulália.

— Eu devo ter morrido — murmurou ele, atônito. — Tu vieste me buscar?

Olhando ao redor, Otaviano descobriu que não estava mais na sua propriedade, mas sim numa saleta ovalada, mesmo lugar onde Paulo levara Eulália anteriormente, localizado numa distante colônia espiritual.

— Onde é que eu estou? — perguntou ele, assombrado.

Levantando a cabeça, Otaviano descobriu que o sangue já não lhe encobria a testa.

— Estou confuso, Eulália — continuou ele. — Apavorado.

— Acalma-te. Não tenhas medo.

— Jamais imaginei que poderia rever-te. Sofri tanto com tua morte. Não podes imaginar.

— Anda, dá-me logo um abraço — disse ela, comovida. — Não esperava reencontrar-te tão cedo.

E o casal se uniu num forte e emocionado abraço.

— Explica-me tudo — pediu ele assim que se afastaram. — Um dos escravos fugidos me atacou, não foi? Lembro que me golpearam o crânio e tudo se apagou. Foste tu que me trouxeste para este lugar?

— Eu e um grande amigo. Seu nome é Paulo e ele tem sido como um pai para mim.

— Onde está ele?

— Disse que viria te falar em breve. Antes, quis nos deixar a sós para que conversássemos.

— Se estás morta, então eu também estou. Diga-me, eu imploro: aqui é o paraíso? Confesso que jamais acreditei nessas histórias da igreja. E achava que, mesmo que fossem verdadeiras, meu destino jamais seria o céu, e sim o inferno.

— Não fales assim. Não existe nada como um céu ou um inferno, exceto dentro de nós mesmos.

— Bem o sei. Tenho me sentido tão desgraçadamente infeliz. Ando a fazer coisas de que muito me envergonho.

— Eu sei de tudo. Tenho acompanhado teus passos desde minha partida.

— Eu não suportei a dor de te perder. Não sei se sabes, mas, a despeito de todo o meu preconceito, eu te amava muito. Depois que te perdi, tudo ficou vazio e sem sentido. Minhas únicas obsessões eram fruto de minha vaidade: queria amealhar dinheiro e desposar uma moça de classe alta.

— Dona Heloísa...

— Então acompanhas mesmo o que se passa comigo? É possível que os mortos continuem mantendo seus laços com aqueles que ficaram na Terra?

— Não é o que estou te provando agora?

— Ah, se eu soubesse disso antes... quanto mal teria evitado. Sempre considerei a morte um ponto final para a existência, depois do qual só haveria o nada. Sem ti, não via mais motivos para melhorar meu caráter ou para manter esperanças no futuro. Queria aproveitar da vida apenas os seus luxos, cada vez mais sedento por prestígio e poder.

— Agora percebes que fúteis eram tais preocupações. A vida é eterna, meu amado. Tanto que, apesar do que acreditavas, jamais me perdeste.

— Quisera merecer teu afeto. Acaso sabes do que fui capaz? Conheces o mal que pratiquei após tua vinda a este novo mundo?

— Minhas lembranças só há pouco começaram a retornar. Eu estava me sentindo muito perdida e confusa. Acredito que morri durante o parto, não foi?

— Isso mesmo. Levei uma parteira à tua casa. Durante uma noite inteira e parte de um dia, ela tentou salvar tua vida, mas o bebê estava virado em teu ventre. Foi impossível preservar-te. Morreste tão jovem, bem ali, diante de mim. Quando percebi que já não respiravas, senti muita revolta. Odiei permanecer vivo depois de ver-te partir.

— E nosso filho? Morreu também durante o parto?

— A criança sobreviveu.

— Está viva? — perguntou Eulália com o rosto iluminado por um sorriso de esperança.

— Tenho medo de contar-te a verdade. Tu jamais me perdoarás.

— Quero saber tudo, Otaviano. Conta-me, eu te imploro. Que fim levou a criança?

— Quando me vi sozinho, com aquele bebê negro em meus braços, imediatamente pensei no que diriam quando eu reconhecesse publicamente a paternidade. Uma coisa era sustentar a ti e a ele em segredo. Pelo resto da vida, eu poderia sem problemas mantê-los em conforto e segurança. Mas, sem ti para cuidar do menino, o que eu podia fazer? Senti-me tão perdido, tão miseravelmente confuso!

— Que foi que fizeste ao nosso filho? Anda, diga-me tudo! — berrou ela, transtornada.

— Eu o abandonei no mato, atrás de uma moita de espinhos — confessou Otaviano, num fio de voz. — Nem por um segundo, depois desse dia, deixei de me odiar pelo que tinha feito.

— Maldito! Tu o mataste!

Eulália golpeou o peito de Otaviano com os punhos cerrados. Ele, mortificado, principiou a chorar.

— Tens razão de odiar-me. Sou um desgraçado, não valho nada. Mereço a mais dura das punições. Se ainda estivesse vivo, matar-me-ia agora mesmo.

Paulo entrou na sala naquele momento de comoção e interferiu na cena pungente:

— Ainda estás vivo, Otaviano.

෴

Otaviano ficou boquiaberto diante do fulgor daquele ser feito de luz. Paulo prosseguiu, com sua voz pausada e calma:

— Depois que foste golpeado na cabeça, desmaiaste e teu perispírito se desprendeu do corpo. Trata-se do que nós, aqui na espiritualidade, chamamos desdobramento. Era a oportunidade ideal para que pudesses te comunicar conosco.

— Tu deves ser o benfeitor de quem Eulália falou. Vejo que és um ser de muita pureza, mal consigo fixar os olhos em teu resplendor. Por tudo que é sagrado, eu te imploro: fulminame agora mesmo com teu poder. Acaba definitivamente com minha existência miserável. Não suporto mais existir sendo quem sou.

— Pois então reforma-te, homem — disse Paulo, com firmeza. — Sempre existe uma chance de remissão. Deus não abandona ninguém.

— Ele abandonou nosso filho ao relento — gemeu Eulália, como a pedir o socorro do guardião. — Ele está morto!

— Tu já aprendeste que a morte não existe, minha irmã. Como o bebê poderia estar morto?

— Então ele está aqui? — perguntou ela, ansiosa. — Tu sabes de seu paradeiro?

— Na verdade, o menino não desencarnou naquele dia. Ainda vive sobre a Terra.

— Por tudo que é sagrado! — exultou Otaviano. — Ele foi salvo?

— É melhor que vejam por si mesmos.

Paulo fez um gesto de mão e, como num passe de mágica, as paredes do aposento foram se abrindo, de par em par, como cortinas. Atrás delas, surgiu uma paisagem verdejante, iluminada pelo sol. Ao longe, um córrego de água cristalina e uma graciosa montanha.

— Estamos de novo perto de minha antiga casa — reconheceu Eulália.

— Foi por aqui que abandonei o recém-nascido — ajuntou Otaviano.

Assim que ele disse isso, um homem vestido com uma longa capa negra, segurando em seus braços um embrulho de panos, surgiu de entre as árvores e caminhou apressado na direção deles.

— Sou eu! — compreendeu Otaviano.

— Procurem manter a calma e observem — pediu Paulo, que permanecia postado ao lado do casal.

O Otaviano do passado adentrou uma região onde a folhagem era mais densa e, assim como o Otaviano do presente narrara, abandonou a criança atrás de uma espessa moita de espinhos. Em seguida, com o rosto contorcido de dor, partiu, levando sobre os ombros o peso de seu horrível crime.

— Não suporto ver mais — murmurou Eulália.

— Aguenta mais um pouco, minha irmã. Logo compreenderás que o bem triunfou.

As folhas do bosque novamente se agitaram e, de uma picada estreita entre as árvores, surgiu uma mulher negra, apanhando gravetos para o fogão.

Otaviano ficou perplexo ao reconhecê-la:

— Mas é Rosário, a ama de Heloísa!

Rosário estava ocupada em seu labor, mas ouviu um som que vinha detrás do espinheiro e foi verificar. Com grande espanto ela descobriu o bebê abandonado, chorando e tremendo de frio. Encantada, recolheu-o e o aninhou junto ao peito. Era o filho que sempre quisera ter e que Deus agora lhe enviava.

❧

Otaviano compreendeu tudo, perplexo.

— O menino que eu raptei... Tomé... É ele o meu filho! Deus o trouxe de volta para mim e, em vez de acolhê-lo, atirei-o ao pavor de uma senzala de pedra!

Eulália tinha o rosto banhado de lágrimas.

— Nosso filho voltou, Otaviano! Ainda há esperança.

Assim que a Rosário do passado partiu com o bebê nos braços, Otaviano voltou-se para Paulo, suplicante:

— Espírito do bem, eu lhe imploro: permita que eu volte para reparar meus terríveis erros. Se eu puder ajudar meu filho, será esta a chance que eu precisava para renascer!

Bastou que ele dissesse essas palavras para que uma espiral de luz surgisse no ar, transportando a ele, Paulo e Eulália, com a velocidade de um pensamento, de volta ao terreiro da propriedade Moura Ferraz, bem diante da senzala. Tomé permanecia ali, estendido no chão, inconsciente.

— Ele está tão imóvel, parece que já não respira — observou Otaviano, aflito. — Ainda há tempo de ajudá-lo?

— Não estou certo — respondeu Paulo. — Seu espírito já está se desprendendo. O corpo padeceu demais.

Do corpinho inerte, uma luminosidade dourada foi despontando. Em breve, uma réplica exata do corpo físico, formada por fluidos luminosos coloridos, foi se desprendendo e começando a flutuar.

Eulália estava presa da mais profunda emoção.

— Ele está partindo da carne.

O espírito de Tomé flutuou por uns momentos, então ele abriu os olhos e viu aqueles três outros seres translúcidos.

— Onde eu estou? — perguntou ele, confuso.

— Está em segurança, meu querido — disse Eulália. — Sou tua mãe.

— E eu teu pai — completou Otaviano. — Sei que não mereço, mas peço que me perdoes pelos meus erros.

Tomé deixou-se abraçar por Eulália e esta cena amorosa foi a última que Otaviano viu na espiritualidade. Abrindo os olhos, de volta ao corpo físico, ele se viu caído na lama úmida, próximo ao riacho. Sua cabeça latejava e o sangue quente escorria-lhe pela testa.

"Eu desmaiei com a paulada que me deram" — pensou ele, ainda atordoado. — "E tive um sonho, só pode ser. Foi muito vívido e quisera fosse verdade, mas não passou de um delírio".

Perto dele, Paulo, Eulália e Tomé escutavam-lhe os pensamentos em alto e bom som. Ela não gostou nada do que ouvia.

Otaviano prosseguiu raciocinando, enquanto fazia um esforço para levantar-se e firmar-se sobre as pernas:

"Imaginei ter visto Eulália. E fantasiei que o menino caído frente à senzala é meu filho perdido. Seria mesmo? Devo ter delirado."

— Como mostrar a ele que era tudo verdade? — questionou Eulália, aflita, a Paulo.

O benfeitor fez um gesto para que ela esperasse e conduziu Tomé até a beira do barranco, junto ao riacho.

— Queres fazer um bem a este homem, Tomé?

— Depois de todo mal que ele me fez?

— Garanto-te que, com tua ajuda, ele pode mudar e aprender a ser justo.

— Que devo fazer?

— Dá-me aqui tua mão.

Otaviano sentia-se melhor, a tontura passara.

"Sobrevivi", pensou ele. "Não sei se o mereça, mas voltei. Como quisera conseguir uma prova que fosse, algo que me desse a certeza de que tudo que vi e ouvi em meu sonho era verdade."

Assim que ele terminou de pensar isso, reparou num fenômeno surpreendente. No barranco de barro vermelho à sua frente, uma forma de mão de criança foi se moldando, como se um fantasma estivesse pressionando a terra maleável, dando-lhe os contornos de seu membro imaterial. Chocado, ele se aproximou para observar melhor a estranha ocorrência. Era mesmo a impressão da mão direita de uma criança na lama. Mas o que mais o assombrou foi o fato de que estavam marcados apenas quatro dedos, o indicador faltava.

— É a mão de Tomé! — disse ele, pasmado. — Era tudo verdade! Vi Eulália e seu amigo de luz. E o menino que prendi e a quem fiz tanto mal é meu filho abandonado!

Otaviano correu como um louco até a porta da senzala e, ajoelhando-se, tomou em seus braços o corpo imóvel do menino. Derramou sobre ele lágrimas do mais puro desespero.

— Tu és mesmo meu filho! Voltaste para mim pelos caminhos mais tortuosos e, em vez de abraçá-lo e cobri-lo de beijos, eu te impus as mais duras provas. Agora já não vives. Quem dera pudesses voltar!

Ele ergueu os olhos aos céus.

— Ah, meu Deus, eu te imploro! Dá-me uma chance de corrigir o mal que fiz. Permita que ele retorne! Tenha misericórdia de mim!

Na invisibilidade, emocionada com o desespero de Otaviano, Eulália dirigiu a Paulo um sincero pedido:

— Amigo querido, creio que neste momento Otaviano precisa mais de Tomé do que eu. Se Deus permitir, aqui ficarei, ao teu lado, aprendendo a ser digna de ajudá-los como espírito protetor. Creio que, para ambos, ainda há um caminho a trilhar na Terra.

Paulo respondeu com uma prece:

— Que seja feita a vontade de Deus.

Otaviano sentiu, no corpinho que amparava, um leve tremor. Dos lábios do menino negro, banhados por suas lágrimas, saiu um fraco suspiro. Ao percebê-lo, ele ficou tomado pela excitação:

— Ele está vivo! Vivo! Ah, meu Pai, como és maravilhoso!

Os belos e expressivos olhos de Tomé se abriram.

— O que foi? Onde estou?

— Estás em casa, meu filho. Agora tudo ficará bem, eu te prometo.

༺༻

Pelo terreiro, vinha chegando o doutor Euzébio, acompanhado de dois policiais armados. Haviam encontrado a porta da mansão arrombada pelos escravos fugidos e vieram até os fundos já sem esperança de encontrar Otaviano ou Tomé.

Euzébio e os oficiais se aproximaram dos dois, cautelosos, ainda sem compreender a situação. Otaviano, assim que os viu, ergueu-se com o menino nos braços.

—Venham, depressa! Aqui está a criança que vieram buscar. Não precisam me ameaçar com armas. Eu me entrego!

Euzébio pegou Tomé dos braços de Otaviano e correu para o interior da casa, decidido a ministrar-lhe os primeiros socorros.

Otaviano, com um enigmático sorriso nos lábios, acompanhou os soldados sem oferecer resistência, sentindo-se leve como há muito tempo não se sentia, deixando-se levar.

35

Lembranças de outra vida

Poucas horas depois dos marcantes acontecimentos ocorridos na propriedade Moura Ferraz, Paulo e Eulália já se encontravam muito longe, na colônia espiritual já nossa conhecida, passeando pelas alamedas floridas de um frondoso parque botânico. Ali, entre aquedutos de água cristalina e graciosas cachoeiras que recortavam a sublime vegetação, Paulo expressou sua satisfação com as recentes atitudes de Eulália.

— Em tão pouco tempo, quanto avançaste, minha caríssima irmã. Gostei de ver-te equilibrada, forte o suficiente para ajudar a Otaviano e Tomé em momento tão crítico.

— Fiz apenas o que me ordenou o coração.

— Foi muito generoso de tua parte manter a serenidade e compreender que o melhor para teu filho era permanecer por mais tempo na Terra.

— Sei agora que, mesmo tendo partido da carne, continuo ligada com a mesma intensidade aos que lá ficaram e a quem tanto amo. Recuperei meu filho perdido e, se tu concordares, acompanharei de agora em diante os seus passos pela vida afora.

— Como poderia negar tal pedido? Serás espírito guardião de ambos: Otaviano e Tomé, dividindo teu tempo entre eles. Além, é claro, de cumprires tuas obrigações aqui nesta colônia.

— Queres dizer que morarei aqui, neste lindo lugar?

— Terás uma casa só tua. E frequentarás a escola com outros espíritos.

— Isso é maravilhoso. Sempre desejei estudar.

— Também prestarás alguns serviços comunitários, assim como fazem todos os que aqui vivem.

— Terei muito prazer em ajudar a manter a beleza e a ordem deste lugar. Mas e quanto a ti, Paulo? Vais me abandonar?

— De forma alguma, Eulália. Estaremos sempre em contato. Serei, para ti, uma espécie de mentor. Quando tiveres dúvidas ou problemas, bastará que penses em mim para que eu escute teu chamado e venha em teu auxílio. Além disso, poderás me visitar sempre que queiras.

— Folgo em saber. Devo-te muito.

— Eu é que te sou grato. Teus esforços na direção do bem ajudaram não só a ti, a Otaviano e ao menino, mas também a outros seres que muito me são caros, como Gabriel Rodriguez e Heloísa. Além, é claro, de Rosário.

— Quanto a Rosário, compreendo que a ajudei, devolvendo-lhe o querido filho adotivo. Mas e quanto a Gabriel e Heloísa? O que fiz por eles se nem mesmo tivemos contato?

— Em breve, tu saberás. As ações que praticamos obedecem à coerente lei de causa e efeito. Assim como uma pedra atirada ao lago produz ondas circulares que se expandem, cada pensamento, sentimento ou ação também produzem um eco de consequências. Via de regra, esta reverberação atinge não só ao autor da ação, mas a muitos outros seres a ele contatados.

Quando se trata de uma boa ação, esses reflexos são muito bem-vindos, pois o bem se expande e se multiplica.

— Por isso é tão importante evitar o mal.

— Exatamente.

— Por que Otaviano estava ligado de forma tão marcante a essas pessoas? Ele, em nome de uma paixão, incomodou-os profundamente, trouxe-lhes muita angústia e sofrimento. De onde veio tal ligação tão conturbada?

— De outra vida, minha irmã. Tu, ele e os outros personagens desta história estão conectados há séculos. Já se encontraram pelo menos em mais uma encarnação.

— Podes me contar acerca dessa outra vida?

Paulo sentou-se em um banco, à sombra de uma paineira, e Eulália acomodou-se ao lado.

— Tudo começou em Roma — principiou ele, com sua voz pausada e calma —, no século XV depois de Cristo.

Eulália pôs-se a acompanhar atentamente aquela narrativa que, saída do vasto livro do tempo, tanto tinha a explicar acerca de sua vida.

☙❧

— Havia em Roma, um poderoso senador chamado Teobaldo — prosseguiu Paulo. — Ele era casado com uma mulher de rara beleza, muito coquete e vaidosa, de nome Esmeralda. O casal tinha uma filha de quinze anos, Emília, tão bela e charmosa quanto a mãe.

— Um dos muitos subordinados de Teobaldo era um soldado chamado Adriano, jovem e valoroso, mas muito pobre. Ele fazia parte da guarda pessoal do senador e tinha por função montar guarda à esquina do palacete onde este vivia. Algumas vezes, ele avistava seu senhor e a esposa quando chegavam ou partiam da propriedade, mas jamais teve a oportunidade de ver a filha do casal.

— Uma tarde, enquanto fazia sua ronda, Adriano foi abordado pela senhora da casa, Esmeralda. Contrariando o bom senso e as regras morais, a inconsequente pôs-se a assediá-lo com promessas veladas de prazer. Envolvido nas teias daquela mulher atraente e poderosa, Adriano deixou-se levar para um caso secreto de adultério, colocando em risco sua própria vida.

— O soldado vivia com seu pai, Alexandre, um pescador ignorante, mas profundamente bondoso e sábio. Ao saber da paixão proibida de seu filho pela mulher do senador, ele interferiu, usando de sua autoridade paterna para dar conselhos sensatos.

— Adriano escutou os ponderados argumentos de seu pai e viu que estava seguindo por um caminho errado. Arrependendo-se, ele pediu ao senador que o transferisse para um outro serviço na distante Veneza, onde seu senhor mantinha uma frota de navios mercantes.

— Ao saber da decisão de Adriano, Esmeralda encheu-se de indignação. Orgulhosa como era, imaginou que seu jovem soldado havia arranjado uma outra mulher. Renegada, encheu-se de rancor e jurou vingança.

— O tempo passou e, estabelecido em Veneza, Adriano esqueceu por completo do devotamento que antes sentia por aquela senhora. Naquela romântica cidade, ele cuidava da conferência e expedição das cargas que saíam do porto. Levava ali uma existência pacífica e feliz.

— Certa noite, voltando do porto para seu alojamento, Adriano foi testemunha de um assalto. Um homem encapuzado arrancou a carteira de uma senhorita e saiu às carreiras pelas ruelas estreitas da cidade, em direção à Piazza de San Marco. O soldado não pensou duas vezes. Pôs-se em seu encalço e, conseguindo capturá-lo, recuperou o que pertencia à mocinha.

— Quando devolveu a carteira a sua dona, Adriano surpreendeu-se com a beleza radiante da rapariga. Ela, agradecida, insistia em recompensá-lo, mas ele negou-se a pegar as moedas de ouro. Galante, ele disse que preferia como prêmio a promessa de que tornaria a vê-la.

— Este foi o início de uma grande paixão. A mocinha, Emília, contou que estava passando as férias em Veneza, com uma família amiga de seus pais. Os dois se encontraram no dia seguinte e no próximo. Os meses de verão que ela ali passou foram suficientes para que o amor se fortalecesse. Quando as férias chegavam quase ao final, ele jurou que iria, assim que possível, encontrá-la em Roma. Lá, pediria aos pais dela a permissão para desposá-la.

— Foi quando ela entregou a ele o endereço que seu coração gelou. Ela era ninguém menos do que a filha de seu patrão Teobaldo e de sua antiga amante, Esmeralda.

— Os planos de casamento foram por água abaixo. Quando a orgulhosa esposa do senador soube que seu antigo namorado desejava desposar-lhe a filha, ficou completamente contrariada.

— O senador já conhecia o pobre soldado há anos e sabia que se tratava de um homem honesto. Mas, poderoso como era, desejava para a única filha um casamento mais vantajoso. Valendo-se disto, Esmeralda implorou para que o marido afastasse Adriano de Emília.

— O jovem casal, apesar da proibição paterna, não se esqueciam. Trocavam cartas apaixonadas e juravam lutar sem esmorecimento contra o preconceito social que os afastava.

— Adriano, cada vez mais revoltado por ser pobre e "não merecer" a mão da mulher que amava, colocou na cabeça que deveriam fugir juntos para outro país. De nada adiantaram as sensatas ponderações do pai do soldado. Ele estava decidido e logo conseguiu de Emília a promessa de que partiriam em breve para uma nova vida.

— O plano caiu, porém, nos ouvidos de Esmeralda. Ela relatou tudo ao marido e implorou por uma solução definitiva. Teobaldo, influenciado pelas palavras venenosas da esposa, chamou um outro soldado que lhe servia, de nome Cláudio. Ofereceu a ele uma farta recompensa para que desse cabo da vida de Adriano.

— Cláudio, a princípio, não queria aceitar a missão, pois tinha lá seus escrúpulos. Mas a esposa dele, Diana, açoitou-lhe a ambição e incentivou-o ao crime. Com a cumplicidade dela, Cláudio serviu a Adriano uma taça de vinho envenenado. O soldado morreu em minutos, padecendo de dores horríveis. Após desencarnar, ele ficou muito enfurecido, jurando se vingar de todos os que o atingiram e o afastaram de sua amada.

— A jovem Emília, ao saber da morte de seu adorado Adriano, não suportou o sofrimento e enlouqueceu.

— Para Esmeralda e Teobaldo, a insanidade da filha foi um forte golpe. Eles a adoravam e sentiram-se culpados por terem roubado dela o equilíbrio e a felicidade. O crime de que foram mandantes também passou a pesar-lhes muito na alma. Ambos se arrependeram e, já maduros, descobriram no companheirismo e no amor de um pelo outro o último esteio para continuarem vivendo.

Paulo fez uma pausa e fixando seus olhos bondosos em Eulália, arrematou a narrativa:

— Quase três séculos mais tarde, todos os participantes deste drama reencarnaram no Rio de Janeiro. Acaso consegues imaginar quem é quem?

— Prefiro que tu me digas.

— Pois bem. Tu foste Emília, Otaviano foi o soldado Adriano, Gabriel foi o senador Teobaldo, Heloísa foi Esmeralda, Tomé foi Alexandre, Jonas foi Cláudio e Rosário, Diana.

Eulália estava impressionada.

— É mais fácil compreender agora porque Gabriel e Heloísa sofreram tantos dissabores, embora já estejam mais avançados moralmente nesta vida. Os atos que realizaram no passado trazem sentido ao que, antes, parecia tão injusto.

— Estás certa. E o mesmo se aplica a Jonas e Rosário.

— Quanto a mim, creio que trouxe minhas inseguranças e meu desequilíbrio daqueles tempos. Fico feliz por me sentir de novo lúcida.

— Otaviano é quem mais me preocupava nesta nova vida. Incapaz de aceitar a forma preconceituosa como foi tratado e, mais ainda, de perdoar seu assassinato, ele voltou com grande ânsia de vingança. Queria a todos prejudicar e julgava estar certo ao fazê-lo. Felizmente, ele volta agora ao bom caminho e sei que, com teu auxílio, conseguirá definitivamente se regenerar.

36
Redenção e reencontros

Otaviano foi instruído por seu advogado para dizer-se inocente quanto à acusação de ter raptado o menino Tomé.

No dia marcado, Heloísa, Rosário, Antonio e o doutor Euzébio estavam acomodados na plateia do tribunal para assistir ao julgamento. Heloísa estava especialmente aflita. Há meses não via Otaviano e estava penalizada de reencontrá-lo em tal situação. A justiça, entretanto, devia ser feita. Ele espalhara muito mal à sua volta e devia arcar com as consequências.

Naquele momento, Heloísa também não podia deixar de pensar em Gabriel. Ela não se conformaria se Otaviano fosse libertado, apesar de sua culpa. Afinal, seu amado, sem ter cometido crime algum, permanecia trancafiado em uma cela.

Os devaneios dela foram interrompidos pela chegada do conde e da condessa Albuquerque de Sá. Ele tinha a voz embargada pela emoção:

— Minha filha, venho com o coração nas mãos pedir que me perdoes.

— E também a mim — ajuntou a matrona.

— Tu estavas certa de não querer te casar com Otaviano. Ele quase me levou à bancarrota com sua prepotência e seu temperamento irascível.

— Tu serias muito infeliz ao lado dele — ajuntou a condessa. — E eu me sentiria para sempre culpada.

— Por favor, diga que nos perdoa.

— E que voltas a ser nossa filha.

Heloísa levantou-se e abraçou os pais, com lágrimas nos olhos.

— Jamais deixei de ser vossa filha. Apesar de tudo que passamos, amo-os da mesma forma.

— Prometes que virás nos visitar? — insistiu a condessa, ainda abraçada à filha.

— Sempre. Voltaremos a ser uma família.

— Graças a Deus és tão boa! Juro que seguirei teu exemplo de hoje em diante.

— Venham, fiquem aqui perto de mim. O juiz já está entrando.

Todos se levantaram para a entrada do magistrado. Em seguida, acomodaram-se.

༄

Dois soldados acompanharam Otaviano até a cadeira dos réus. O juiz principiou a sessão, como é de praxe, perguntando a Otaviano se ele se considerava culpado ou inocente da acusação que lhe era feita. Ele se levantou e, falando com grande convicção, surpreendeu a seu advogado e a todos os presentes:

— Senhor juiz: eu sou culpado. Não só do rapto do menino Tomé Santana, mas também de outro crime julgado anteriormente por esta corte. Fui eu o mandante do assassinato do senhor Jonas Martins. Um inocente, o senhor Gabriel Rodriguez, foi preso em meu lugar. Peço que tal equívoco seja prontamente sanado. Estou pronto para substituí-lo na prisão.

Um vozerio agitado percorreu o recinto. Todos estavam estupefatos com a revelação. Heloísa, mais do que qualquer um ali, mal se continha de emoção.

Otaviano voltou-se para a plateia e dirigiu-se diretamente a ela:

— Dona Heloísa, sei que não mereço, mas peço-te perdão por todo mal que fiz. Se tiveres uma gota que seja de compaixão por mim, reze pela salvação de minha alma.

Heloísa chorava, com o coração aos saltos, profundamente tocada pelo sincero arrependimento daquele que lhe causara tantos pesares.

Tudo enfim voltava a seus eixos. O bem havia prevalecido, com a graça de Deus.

༺☙༻

Meses depois do julgamento, no quintal do aprazível sítio de Petrópolis, Gabriel e Heloísa, já casados há meses, observavam a beleza do pôr do sol sobre as montanhas. Era um momento especialmente feliz para ambos, pois ela descobrira naquela tarde que estava grávida. A vida, finalmente, sorria para eles e lhes acenava com um futuro de bênçãos.

Sob o alpendre, à vista de Antonio e Euzébio que jogavam uma partida de damas, Rosário brincava com o peralta Tomé. Ele, novamente saudável, mostrava-se forte e bem disposto.

No plano invisível, satisfeito com o final harmonioso desta história, Paulo observava seus queridos protegidos. Ele tinha sido bem-sucedido em sua missão. Tudo estava finalmente em paz.

Longe dali, no presídio do Rio de Janeiro, Otaviano terminou de ministrar uma aula de português a seus colegas de clausura. Quando ali chegou, soube que os presos estavam pesarosos por terem perdido os ensinamentos de Gabriel, recentemente libertado. Culto como era, Otaviano achou que poderia substituí-lo com competência nas classes. Graças a essa atitude, os estudos dentro da penitenciária prosseguiram.

Otaviano também passou a frequentar os grupos de estudo sobre Espiritismo, agora presididos por seu colega de cela, Sebastião. Mais do que a maioria dos participantes, ele sabia que os conceitos ali discutidos eram verdadeiros.

Naquela noite, ao deitar-se, Otaviano abriu o Evangelho para estudar. Ao seu lado, Eulália ficou acompanhando a leitura, enquanto pensava:

"Quanto temos aprendido, meu amor. E, felizmente, este é só o começo. Ainda haveremos de crescer muito juntos."

Foi assim que um infeliz espírito obsessor tornou-se enfim um guardião. E que seu protegido, depois de muitas quedas, retornou à senda do progresso.

Fim

Leia os romances de Schellida!
Emoção e ensinamento em cada página!
Psicografia de Eliana Machado Coelho

O Brilho da Verdade
Samara viveu meio século no Umbral passando por experiências terríveis. Esgotada, consegue elevar o pensamento a Deus e ser recolhida por abnegados benfeitores, começando uma fase de novos aprendizados na espiritualidade. Depois de muito estudo, com planos de trabalho abençoado na caridade e em obras assistenciais, Samara acredita-se preparada para reencarnar.

Um Diário no Tempo
A ditadura militar não manchou apenas a História do Brasil. Ela interferiu no destino de corações apaixonados.

Despertar para a Vida
Um acidente acontece e Márcia, uma moça bonita, inteligente e decidida, passa a ser envolvida pelo espírito Jonas, um desafeto que inicia um processo de obsessão contra ela.

O Direito de Ser Feliz
Fernando e Regina apaixonam-se. Ele, de família rica, bem posicionado. Ela, de classe média, jovem sensível e espírita. Mas o destino começa a pregar suas peças...

Sem Regras para Amar
Gilda é uma mulher rica, casada com o empresário Adalberto. Arrogante, prepotente e orgulhosa, sempre consegue o que quer graças ao poder de sua posição social. Mas a vida dá muitas voltas.

Um Motivo para Viver
O drama de Raquel começa aos nove anos, quando então passou a sofrer os assédios de Ladislau, um homem sem escrúpulos, mas dissimulado e gozando de boa reputação na cidade.

O Retorno
Uma história de amor começa em 1888, na Inglaterra. Mas é no Brasil atual que esse sentimento puro irá se concretizar para a harmonização de todos aqueles que necessitam resgatar suas dívidas.

Força para Recomeçar
Sérgio e Débora se conhecem a nasce um grande amor entre eles. Mas encarnados e obsessores desaprovam essa união. Conseguirão ficar juntos?

Lições que a Vida Oferece
Rafael é um jovem engenheiro e possui dois irmãos: Caio e Jorge. Filhos do milionário Paulo, dono de uma grande construtora, e de dona Augusta, os três sofrem de um mesmo mal: a indiferença e o descaso dos pais, apesar da riqueza e da vida abastada. Nesse clima de desamor e carência afetiva, cada um deles busca aventuras fora de casa e, em diferentes momentos, envolvem-se com drogas, festinhas, homossexualismo e até um seqüestro.

Obras de Irmão Ivo: leituras imperdíveis para seu crescimento espiritual
Psicografia da médium Sônia Tozzi

O Preço da Ambição
Três casais ricos desfrutam de um cruzeiro pela costa brasileira. Tudo é requinte e luxo. Até que um deles, chamado pela própria consciência, resolve questionar os verdadeiros valores da vida e a importância do dinheiro.

O Amor Enxuga as Lágrimas
Paulo e Marília, um típico casal classe média brasileiro, levam uma vida tranqüila e feliz com os três filhos. Quando tudo parece caminhar em segurança, começam as provações daquela família após a doença do filho Fábio.

A Essência da Alma
Ensinamentos e mensagens de Irmão Ivo que orientam a Reforma Íntima e auxiliam no processo de autoconhecimento.

Quando Chegam as Respostas
Jacira e Josué viveram um casamento tumultuado. Agora, na espiritualidade, Jacira quer respostas para entender o porquê de seu sofrimento

Somos Todos Aprendizes
Bernadete, uma estudante de Direito, está quase terminando seu curso. Arrogante, lógica e racional, vive em conflito com familiares e amigos de faculdade por causa de seu comportamento rígido

No Limite da Ilusão
Marília queria ser modelo. Jovem, bonit e atraente, ela conseg subir. Mas a vida cobra seu preço.

Obras da médium Maria Nazareth Dória
Mais luz em sua vida!

A SAGA DE UMA SINHÁ (espírito Luiz Fernando - Pai Miguel de Angola)
Sinhá Margareth tem um filho proibido com o negro Antônio. A criança escapa da morte ao nascer. Começa a saga de uma mãe em busca de seu menino.

LIÇÕES DA SENZALA (espírito Luiz Fernando - Pai Miguel de Angola)
O negro Miguel viveu a dura experiência do trabalho escravo. O sangue derramado em terras brasileiras virou luz.

AMOR E AMBIÇÃO (espírito Helena)
Loretta era uma jovem nascida e criada na corte de um grande reino europeu entre os séculos XVII e XVIII. Determinada e romântica, desde a adolescência guardava um forte sentimento em seu coração: a paixão por seu primo Raul. Um detalhe apenas os separava: Raul era padre, convicto em sua vocação.

SOB O OLHAR DE DEUS (espírito Helena)
Gilberto é um maestro de renome internacional, compositor famoso e respeitado no mundo todo. Casado com Maria Luiza, é pai de Angélica e Hortência, irmãs gêmeas com personalidades totalmente distintas. Fama, dinheiro e harmonia compõem o cenário daquela bem-sucedida família. Contudo, um segredo guardado na consciência de Gilberto vem modificar a vida de todos.

UM NOVO DESPERTAR (espírito Helena)
Simone é uma moça simples de uma pequena cidade interiorana. Lutadora incansável, ela trabalha em uma casa de família para sustentar a mãe e os irmãos, e sempre manteve acesa a esperança de conseguir um futuro melhor. Porém, a história de cada um segue caminhos que desconhecemos.

JÓIA RARA (espírito Helena)
Leitura edificante, uma página por dia. Um roteiro diário para nossas reflexões e para a conquista de uma padrão vibratório elevado, com bom ânimo e vontade de progredir. Essa é a proposta deste livro que irá encantar o leitor de todas as idades.

MINHA VIDA EM TUAS MÃOS (espírito Luiz Fernando - Pai Miguel de Angola)
O negro velho Tibúrcio guardou um segredo por toda a vida. Agora, antes de sua morte, tudo seria esclarecido, para a comoção geral de uma família inteira.

Livros da médium Eliane Macarini

Romances do espírito Vinícius (Pedro de Camargo)

Resgate na Cidade das Sombras

Virginia é casada com Samuel e tem três filhos: Sara, Sophia e Júnior. O cenário tem tudo para ser o de uma família feliz, não fossem o temperamento e as oscilações de humor de Virginia, uma mulher egoísta que desconhece sentimentos como harmonia, bondade e amor, e que provoca conflitos e mais conflitos dentro de sua própria casa

Obsessão e Perdão

Não há mal que dure para sempre. E tudo fica mais fácil quando esquecemos as ofensas e exercitamos o perdão.

Aldeia da Escuridão

Diego era um espírito duro, chefe de uma falange que habitava a Aldeia da Escuridão. Decidido a vingar-se de inimigos de séculos atrás, na Espanha, ele agora reencontra todos os seus desafetos reencarnados no Brasil, vivenciando um novo enredo para a reparação dos erros: Vitor, um médico pediatra especializado em oncologia, Mara, uma psicóloga que trabalha com crianças vitimadas, doutor Adalton, um bondoso e experiente médico espírita, e Sônia, uma boa amiga com dois filhos e perseguida pelo marido, Adamastor, entre outros personagens emocionantes.

Leia estes envolventes romances do espírito Margarida da Cunha

Psicografia de Sulamita Santos

Doce Entardecer

Paulo e Renato eram como irmãos. O primeiro, pobre, um matuto trabalhador em seu pequeno sítio. O segundo, filho do coronel Donato, rico, era um doutor formado na capital que, mais tarde, assumiria os negócios do pai na fazenda. Amigos sinceros e verdadeiros, desde jovens trocavam muitas confidências. Foi Renato o responsável por levar Paulo a seu primeiro baile, na casa do doutor Silveira. Lá, o matuto iria conhecer Elvira, bela jovem que pertencia à alta sociedade da época. A moça corresponderia aos sentimentos de Paulo, dando início a um romance quase impossível, não fosse a ajuda do arguto amigo, Renato.

À Procura de um Culpado

Uma grande festa foi organizada por João Albuquerque de Lima e sua esposa Kim para comemorarem o sucesso e a expansão dos negócios dele, um empresário carioca proprietário de uma rede de hotéis no Brasil e no exterior na década de 60. Excêntrico, João gostava de praticar tiro com os amigos mais próximos. Pensando em agradar o marido, Kim solicita a onze amigos mais íntimos de seu marido que levem suas armas: fariam uma competição de tiro ao alvo naquela noite. Terminada a festa, o silêncio se fez na mansão. Ao amanhecer, o corpo de João boiava na piscina...

Três romances imperdíveis!
Obras do espírito Caio Fábio Quinto
Psicografia de Christina Nunes

ENTRE JESUS E A ESPADA
Jesus havia acabado de passar pela Terra.
E as suas sementes começavam a brotar

SOB O PODER DA ÁGUIA
Uma viagem até a Roma Antiga na
qual o general Sálvio Adriano viverá
um grande drama em sua vida ao lado
de Helatz, sua prisioneira, e o irmão
dela, Barriot.

ELYSIUM - Uma História de
Amor entre Almas Gêmeas Cássia acordou em
uma cidade espiritual na Itália. E nem imaginava
que um grande amor estava à sua espera há anos.

Romances do espírito Eugene!
Leituras envolventes com
psicografia de Tanya Oliveira

LONGE DOS CORAÇÕES FERIDOS
Em 1948, dois militares americanos da Força Aérea
vão viver emoções conflitantes entre o amor e a
guerra ao lado da jornalista Laurie Stevenson.

O DESPERTAR DAS ILUSÕES
A Revolução Francesa batia às portas do
Palácio de Versalhes. Mas dois corações
apaixonados queriam viver um grande amor.

A SOMBRA DE UMA PAIXÃO
Um casamento pode ser feliz e durar muitos anos.
Mas um amor de outra encarnação veio
atrapalhar a felicidade de Theo e Vivian

Obras da terapeuta Lourdes Possatto
O caminho do autoconhecimento

Equilíbrio Emocional – Como promover a harmonia entre pensar, sentir e agir

Neste livro, a autora nos ensina a conhecer nossos próprios sentimentos, atingindo dessa forma o equilíbrio necessário para uma vida emocional saudável.

Em Busca da Cura Emocional

"Você é cem por cento responsável por você mesmo e por tudo o que lhe acontece". Esta Lei da Metafísica é abordada neste livro que nos auxilia a trabalhar a depressão, a ansiedade, a baixa auto-estima e os medos.

É Tempo de Mudança

Por que somos tão resistentes às mudanças? Por que achamos que mudar é tão difícil? E por que não conseguimos as coisas que tanto queremos? Este livro nos ajuda a resolver os bloqueios emocionais que impedem nossa verdadeira felicidade.

A Essência do Encontro

Afinal, o que é relacionamento? Por que vivemos muito tempo presos a relacionamentos enganosos em um mundo de ilusão como num sofrimento sem fim? Aqui você encontrará dicas e reflexões para o seu verdadeiro encontro.

Ansiedade Sob Controle

É possível deixarmos de ser ansiosos? Não, definitivamente não. O que devemos fazer é aprender a trabalhar com a ansiedade negativa.